Inhalt

In der Schule

Wie lernen Kinder in anderen Ländern?
Was können wir von anderen Kindern lernen?
Wie sage ich meine Meinung?

Schule anderswo

Australien: Meine Schule ist 1000 km von unserer Farm entfernt. Deshalb lerne ich zu Hause. Mutti hilft mir dabei. Täglich spreche ich über ein „two-way radio“ (Funk) eine halbe Stunde mit meiner Lehrerin. Sie schickt mir in einer E-Mail Aufgaben, die ich löse und ihr dann zurücksende. Meine Mitschüler, die auch so lernen, treffe ich nur ab und zu in der Schule bei unseren Familientreffen.

Emily

China: Bei uns beginnt die Schule mit Frühsport. Alle machen die Übungen mit. Dann sind wir fit für den Unterricht. In meiner Klasse sind 52 Kinder. Unser Schultag dauert von 7.30 Uhr bis 16.00 Uhr, mittags sind zwei Stunden Pause. Es ist ziemlich schwer, chinesisch zu schreiben. Wir haben mehr als 50000 Schriftzeichen. Das Wort „Schule“ besteht aus 2 Zeichen.

Yan-Yin

USA: Bei uns dauert die Grundschulzeit 6 Jahre. Ich bin jetzt sieben und in der 3. Klasse. In meiner Klasse sind 25 Kinder. Ich mag besonders Mathematik und Sport, da habe ich ein **A**, das ist: sehr gut. **B** bedeutet: gut … und so weiter, **F** heißt: nicht bestanden. Mein Lieblingssport ist Baseball. In unserer Schulmannschaft bin ich Schlagmann und Läufer.

Michael

1 Betrachte die Bilder. Lies die Texte. Vergleiche mit deiner Schule.

★ Suche die Länder im Atlas.

Hallo, mein Name ist Jack. Ich bin 7 Jahre alt.
Ich wohne in London. Das ist die Hauptstadt von Großbritannien.
Ich bin mit 5 Jahren in die Schule gekommen und gehe jetzt in die 3. Klasse.
Hier seht ihr meinen Stundenplan:

in Englisch

Time	Monday	Tuesday	Wednesday	Thursday	Friday
9.05–9.30	Mental Maths	Mental Maths	Mental Maths	ICT	Assembly
9.30–10.15	Maths	Maths	Maths	Mental Maths	Maths

in Deutsch

Uhrzeit	Montag	Dienstag	Mittwoch	Donnerstag	Freitag
9.05–9.30	Kopfrechnen	Kopfrechnen	Kopfrechnen	Informatik	Versammlung
9.30–10.15	Mathe	Mathe	Mathe	Kopfrechnen	Mathe
10.15–10.45	Versammlung	Versammlung	Versammlung	Versammlung	Mathe
10.45–11.00	Pause				
11.00–12.00	Englisch	Englisch	Deutsch	Englisch	Deutsch
12.00–12.30	Bücherkiste	Rechtschreibung	Kreisgespräch	Schreiben	Handschrift
12.30–13.30	Mittagessen				
13.30–14.30	Informatik	Geschichte	Kunst	Lesen	Sachunterricht
14.30–15.15	Sachunterricht	Sport	Musik	GE*	Sport

*GE bedeutet Gesundheitserziehung.

Wir sind 33 Kinder in der Klasse.
Mein Lieblingsfach ist Geschichte.
Versammlungen gibt es in der Schule und in der Klasse.
Zur Schulversammlung treffen sich regelmäßig alle Kinder. Wir singen, beten oder hören Geschichten.
In der Klasse besprechen wir alle wichtigen Dinge des Schultages, zum Beispiel den Streit von Jessica und Charlie oder das Klassenfest nächste Woche.

2 Betrachte den Stundenplan.
Finde Gemeinsamkeiten und Unterschiede zu deinem Schultag.

★ Informiere dich über die Schule in einem weiteren Land. Berichte.

Fremde Länder – fremde Kinder?

Neulich auf dem Sportplatz der Schule …

1 Berichte, was Pablo auf dem Sportplatz widerfährt. Vermute, warum die Jungen ihn so behandeln.

Am nächsten Tag in der Schule …

2 Beratet darüber, was die Klasse besprochen haben könnte.

★ Spielt die Situation nach. Wie fühlt ihr euch als Pablo? Wie fühlt ihr euch in der Rolle der anderen Jungen?

Einige Wochen später findet in Pablos Klasse eine Projektwoche statt.
Das Thema heißt „Fremde Länder“.
Pablo erzählt von Spanien und hat dazu gemalt. Er gibt auch Rätsel auf.
Das sind Beispiele aus seinem Vortrag:

Spanien ist fast überall von Wasser umgeben. Auf der einen Seite des Landes liegt der Atlantische Ozean, auf der anderen Seite das Mittelmeer.
Eine bekannte spanische Insel im Mittelmeer heißt M…

Im Garten meiner Großeltern in Spanien stehen viele Obstbäume mit O…, Zitr… und Pfirsichen.
Im Sommer fliege ich mit meinen Eltern hin und helfe bei der Ernte. Das macht viel Spaß.

Alle Spanier lieben Fußball. Und fast jeder kleine Junge möchte am liebsten ein berühmter Stürmer werden.
Mein Lieblingsverein heißt „Real M…“ Er ist aus der Hauptstadt.

In Spanien ist es meist sehr warm. Deshalb machen viele Menschen jeden Tag eine lange Mittagspause, die nennt man S… Dann schließen alle Geschäfte, und in dieser Zeit ist auch kein Unterricht.

3 Die Jungen und Mädchen finden Pablos Bericht interessant.
Nur Lisa meint, dass es in Spanien gar nicht so viel anders ist als in Deutschland.
Was denkst du?

Eine Meinung äußern

Was haltet ihr davon, Sprachen zu lernen?

Du hast das Recht, deine Meinung frei zu äußern. Oft sagst du dann: „Ich meine …“, „Ich denke …“, „Ich finde …“, „Meiner Meinung nach …“. Manchmal änderst du auch deine Meinung: zum Beispiel, wenn dich Meinungen von anderen zum Nachdenken bringen oder wenn du Neues aus dem Fernsehen oder der Zeitung erfährst.

1 Bei einem Meinungsstreit solltest du Regeln beachten. Ergänze noch:

- Äußere deine Meinung kurz und für andere verständlich.
- Begründe deine Meinung, zum Beispiel mit einem Weil-Satz.
- Kränke oder verletze andere nicht mit deinen Äußerungen.
- Höre anderen genau zu. Prüfe die Meinung anderer kritisch.
- …

Aus der Vereinbarung der UNO über die Rechte der Kinder:
Jedes Kind, das fähig ist, sich eine eigene Meinung zu bilden, hat das Recht, seine Meinung frei zu äußern. Nach Alter und Reife des Kindes sollte seine Meinung berücksichtigt werden.

Im Herbst

Wie verändern sich im Herbst die Pflanzen, die Tiere und das Wetter?
Warum wird es im Herbst jeden Tag früher dunkel?
Warum ist die Kartoffel ein wichtiges Nahrungsmittel?

Ein Park im Herbst

Im Lebensraum Park leben viele verschiedene Pflanzen und Tiere zusammen. Besucher des Parks erfreuen sich an der schönen, vielfältigen Natur. Wenn sich die Laubblätter der Bäume färben, ist der Herbst da.

Warum färben sich die Blätter und fallen ab?
Im Sommer nehmen die Blätter der Laubbäume viel Licht auf. Das geht nicht ohne Blattgrün – einen grünen Farbstoff in ihren Blättern. Mit Licht, Luft und Wasser können die Bäume nun Nährstoffe bilden und wachsen.
Im Herbst stellen sich die Bäume auf ihre Winterruhe ein. Sie entziehen ihren Blättern das wichtige Blattgrün und speichern seine Bausteine in Ästen und Stämmen.
Für kurze Zeit sind in den Blättern nun andere Farbstoffe sichtbar – erst Rot, dann Gelb.
Die Blätter färben sich bunt. Schon ab August bildet sich am unteren Rand jedes Blattstieles auch eine Trennschicht aus Kork.
Sie verschließt die Zweige. Ein Windstoß nur, und die Blätter fallen ab.

Was plumpst da von Bäumen und Sträuchern?
Im Sommer bilden sich an den Kastanienbäumen stachlige Kugeln. In jeder Kugel wachsen 1 bis 2 Samen heran. Die Hüllen platzen auf und fallen zu Boden. Beim Aufprall rollen die glänzenden braunen Samen oft aus den Stachelhüllen. Eicheln purzeln vom Baum. Und der Wind weht die ölhaltigen Haselnüsse vom Haselstrauch.

1 Erzähle, woran du den Herbst erkennst.
Wie klingt es, wenn die verschiedenen Früchte herabfallen?

Wie die Pflanzen stellen sich auch die Tiere im Herbst auf den Winter ein.
Jedes Tier bereitet sich auf seine Weise vor.

Sich an Signalwörtern orientieren

- Lies die Signalwörter. Sie sind fett gedruckt.
- Schreibe dazu wichtige Aussagen auf.
- Notiere selbst Signalwörter.

Eichhörnchen
Im Herbst sucht das Eichhörnchen im Park Nüsse, Eicheln und Bucheckern. Eifrig springt es umher, um die Früchte zu sammeln und als **Wintervorrat** unter Laub oder im Erdboden zu verstecken.
Im Winter ruht das Tier in seinem Kobel. Es wird nur manchmal wach, um auf **Nahrungssuche** zu flitzen. Ob es die Früchte und Samen wiederfindet?

Igel
Im Sommer und im Herbst frisst sich der Igel einen dicken **Winterspeck** an. Er sucht Regenwürmer, Schnecken, Käfer und Spinnen. Spätestens im November zieht er sich in sein frostsicheres **Winterquartier** zurück und fällt bis in den April hinein in einen langen Winterschlaf.

Wespe
Das Leben einer Wespe ist kurz, denn sie lebt nur einen Sommer. Beim ersten Frost im Herbst stirbt sie. Nur **Jungköniginnen** überwintern in frostsicheren, engen Ritzen. Ab Mitte April sind Wespen wieder bei der Nest- und Nahrungssuche zu beobachten.

Grasmücke
Der winzige Singvogel, mit 13 cm Länge gerade so groß wie eine Computermaus, fliegt im Herbst einen 10 000 km langen Flugmarathon nach Süden bis in sein **Winterquartier** in Afrika. Dafür braucht die kleine Grasmücke viel Kraft. Sie frisst Insekten, Larven, Spinnen und Schnecken, aber auch Beeren und Früchte. Erst im Mai kehrt der Zugvogel zurück.

2 Halte einen Vortrag über Tiere im Herbst. Nutze dazu Signalwörter.

Tagbogen in den Jahreszeiten

Die Sonne beschreibt am Himmel jeden Tag aufs Neue scheinbar einen Bogen, das nennt man Tagbogen der Sonne.
Tatsächlich bewegt sich die Erde um sich selbst – einmal in 24 Stunden.
Dabei erreichen die Sonnenstrahlen nach und nach immer einen Teil der Erde.
Dort ist Tag. Wo die Strahlen nicht hinkommen, ist Nacht.

1 Stellt mit Globus und Taschenlampe dar, wie das Licht um die Erde wandert.

Im Herbst siehst und spürst du: Morgens wird es später hell, abends früher dunkel. Die Sonne wärmt weniger. Nachts ist es kühler. Aber weshalb?

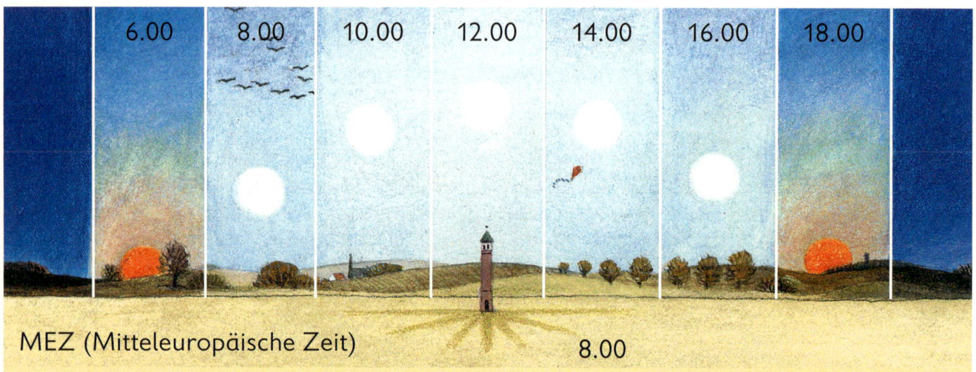

Der Herbst beginnt am 23. September, Tag und Nacht sind gleich lang. Die Tage werden kürzer, die Nächte länger. Die Sonne steht mittags jeden Tag tiefer am Himmel. Ihre Strahlen treffen Tag für Tag schräger auf die Erde. Land und Ozeane kühlen ab.

Der Winter fängt am 21. Dezember an. Es ist der kürzeste Tag und die längste Nacht. Nach diesem Tag, der Wintersonnenwende, werden die Tage wieder länger. Sie sind aber noch kürzer als die Nächte. Die Sonne steht mittags Tag für Tag etwas höher, sie wärmt noch wenig. Land und Ozeane bleiben kühl.

S. 2

Schau nach der Sonne: Im Süden nimmt sie ihren Lauf.

Im Osten geht die Sonne auf.

Im Westen wird sie untergehn.

Im Norden ist sie nie zu sehn.

Grafische Bilder vergleichen

- Betrachtet alle Bilder der Tagbögen.
- Vergleicht die Tagbögen. Findet Gemeinsamkeiten und Unterschiede.
- Sucht Informationen: Wie lange scheint die Sonne? Wann steht sie am höchsten? …

Himmelsrichtungen: Norden (N), Süden (S), Westen (W), Osten (O).

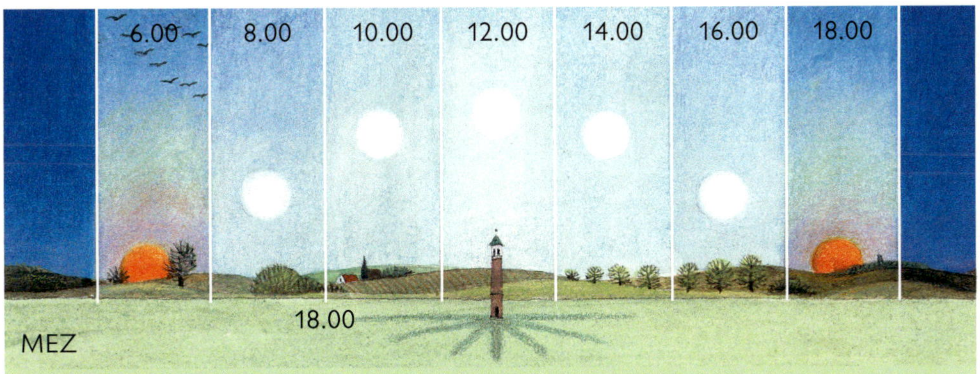

Der Frühling beginnt am 21. März, Tag und Nacht sind wieder gleich lang. Nun werden die Nächte wieder kürzer, die Tage länger. Die Sonne steht mittags jeden Tag höher, ihre Strahlen treffen steiler auf die Erde. Langsam erwärmen sich Boden und Ozeane.

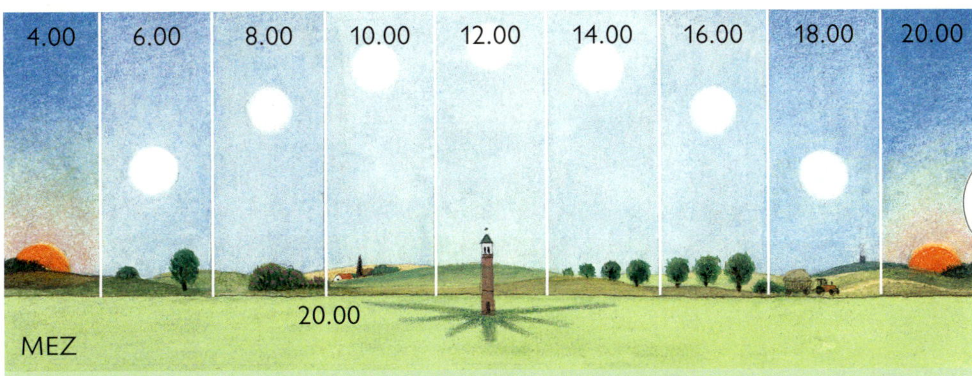

Der Sommer fängt am 21. Juni an. An diesem Tag scheint die Sonne am längsten, die Nacht ist am kürzesten. Nach diesem Tag, der Sommersonnenwende, werden die Tage wieder kürzer und die Nächte länger. Da die Sonne täglich etwas weniger hoch steht, bringt sie noch viel Wärme. Land und Ozeane kühlen nur langsam ab.

Im Herbst wird es kälter …

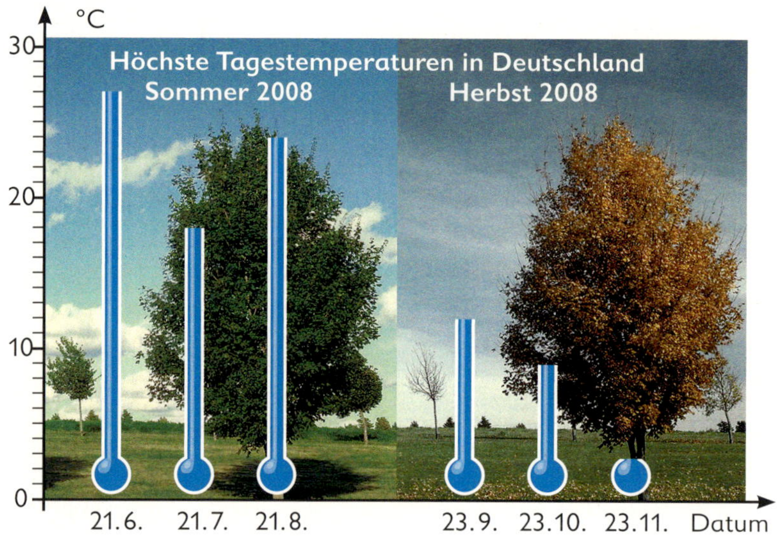

Säulendiagramm lesen

- Betrachte die Bilder.
- Lies die Texte.
  Was zeigen die Pfeile?
- Werte jede Säule aus:
  Nenne Datum, Monat, Jahreszeit und Temperatur.
- Vergleiche Sommer 2008 und Herbst 2008.

Luft kann sich erwärmen und abkühlen. Deshalb steigt oder sinkt die Lufttemperatur. In Deutschland werden Lufttemperaturen täglich in fast 2 600 Wetterstationen gemessen. Alle Werte werden in Tabellen geschrieben und in Diagrammen dargestellt. Nun kann man genau vergleichen: Welche Temperatur wurde zu welcher Zeit und an welchem Ort gemessen?

Der Schwede Anders Celsius konstruierte 1742 ein Thermometer mit einer Gradeinteilung (Skala). Die Skala wurde später nach ihm benannt. Heute bezeichnet man:
- den Punkt, wo Wasser zu Eis wird, als 0 Grad,
- den Punkt, wo Wasser siedet, als 100 Grad.

1 Was stellt das Säulendiagramm oben dar?

2 Das Diagramm zeigt: Die Lufttemperaturen sinken im Herbst weiter ab.
Versuche zu begründen. Lies noch einmal auf Seite 14 nach.

Temperaturen im Herbst vergleichen

- Messt dazu Temperaturen stets zur gleichen Zeit oder entnehmt sie dem Wetterbericht aus einer Zeitung, aus dem Fernsehen, dem Rundfunk oder …

Füllt eine solche Tabelle aus:
Gebt die Temperaturen in Grad Celsius (°C) an.

Datum	Temperatur
15.9.	18 °C
23.9.	14 °C
23.10.	13 °C
23.11.	9 °C

Die Flüssigkeit im Glasröhrchen steigt/sinkt je nach Temperatur.

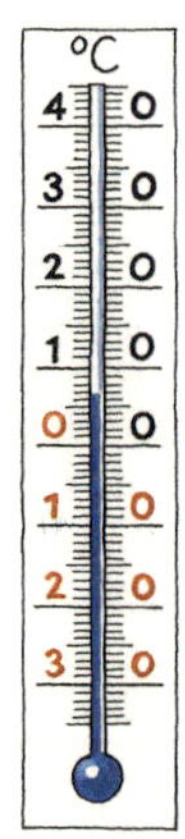

Skala
20 °C
Nullpunkt
–20 °C

AH S.7

S.6, S.7

... und windiger

Im Herbst lässt oft ein kräftiger Wind Blätter tanzen und Bäume rauschen. Er jagt Wolken oder peitscht den Regen. Mal spüren wir Wind als laues Lüftchen, mal hören wir ihn als heulenden Sturm. Manchmal ist es windstill. Wind ist eine Luftbewegung in eine bestimmte Richtung.
Warum bewegt sich Luft? Wenn zum Beispiel die Sonne in einem Gebiet die Luft erwärmt, steigt dort die warme Luft auf. Ist es dann in Gebieten daneben bewölkt und die Luft dort kühl, sinkt sie zu Boden. Die kühlen Luftmassen strömen dann am Boden dorthin, wo warme Luft aufgestiegen ist.

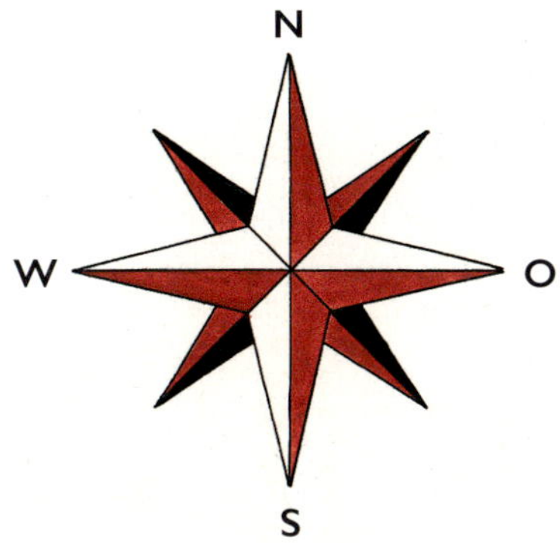

Die Windrose gibt Windrichtungen an: Nord (N), Ost (O), Süd (S), West (W).

Windrichtungen: Woher weht der Wind und wohin weht er?

von West nach Ost

von Ost nach West

von Süd nach Nord

von Nord nach Süd

Der englische Seefahrer Francis Beaufort legte 1806 eine Windskala mit 12 Windstärken an.

Bezeichnung	*Windgeschwindigkeit*	*Auswirkung im Inland*	*Auswirkung auf See*
Windstärke 5 frische Brise	*29–38 Kilometer pro Stunde*	*kleine Bäume schwanken*	*mäßig lange Wellen mit Schaumkämmen*

Solche Symbole für Windstärken und Windrichtungen verwenden wir heute.

0 windstill
Rauch steigt steil empor, Blätter bewegen sich nicht.

3 schwacher Wind
Blätter und dünne Zweige bewegen sich leicht.

4 mäßiger Wind
Blätter und Äste bewegen sich, Staub wirbelt auf.

6 starker Wind
Bäume bewegen sich, Blätter, Dinge wirbeln hoch.

9 Sturm
Äste brechen, Ziegel fallen von den Dächern.

Wer in Wolken „lesen“ kann, weiß, wann Regen kommt

Wolken sind Gebilde aus winzigen Wassertröpfchen oder aus Eis. Der Herbst bringt viele Wolken von den Ozeanen zu uns. Täglich sind andere Wolken zu sehen. Ihre Formen und Farben verwandeln sich ständig – mal sind es graue Berge, mal weiße Schleier. Wolken sind Wetterboten.

Federwolken aus Eis stehen hoch am Himmel. Sie sehen wie Schleier oder Flecken aus. Oft kündigen sie schlechtes Wetter an. Sind sie zerfasert, dann herrscht heftiger Wind.

Schichtwolken aus Eis und Wassertröpfchen stehen mittelhoch am Himmel. Sie bringen viel Niederschlag. Scheint die Sonne durch sie hindurch, sieht diese aus wie eine Scheibe.

Weiße Haufenwolken zeigen: Schon früh schien die Sonne. Erwärmte Luft stieg auf und kühlte dabei ab. Bei hoher Luftfeuchtigkeit bildeten sich Tröpfchen – Schönwetterwolken.

Regenwolken breiten sich als mächtige dunkle Wolken aus. Sie bringen Niederschläge. Eine drohende schwarze Wolkenwand warnt: Es kann heftige Windböen geben, und es kann hageln.

Symbole für die Bewölkung

○ wolkenlos	◔ heiter	◑ wolkig	◕ stark bewölkt	● bedeckt
Der Himmel ist blau oder sternenklar.	Nur wenige Wolken sind zu sehen.	Wolken und klarer Himmel sind etwa gleich verteilt.	Wolken bedecken fast den gesamten Himmel.	Wolken bedecken den Himmel vollständig.

Sich über die Bewölkung informieren; meteorologische Symbole beschreiben

In den Wolken fliegen winzige Wassertröpfchen ständig hin und her. Sie stoßen zusammen und bilden mit anderen Tröpfchen oder Eis schwerere Tropfen oder Eiskristalle. Dann fallen sie nach unten. Werden sie dabei noch schwerer, fallen sie aus der Wolke. Wenn dann die Lufttemperatur unter der Wolke über 0 °C liegt, fällt Regen auf die Erde. Liegt die Temperatur unter der Wolke unter 0 °C, dann fällt Schnee. Schneeflocken bestehen aus Eiskristallen.

Regen

Eine Gewitterwolke quillt schnell zu einem riesigen Turm auf. In ihr jagen orkanartig Winde auf und ab. Sie tragen Wassertröpfchen mit sich. Diese vereisen hoch in der Wolke und fallen als Eiskörnchen wieder herab. Immer mehr Tröpfchen kleben an, die Eiskörner werden größer und schwerer. Von Blitz und Donner begleitet, stürzt dann in großen Tropfen heftiger Regen herab, oft auch Hagel. Hagelkörner aus Eis können so groß werden wie Murmeln, Taubeneier oder sogar Tennisbälle.

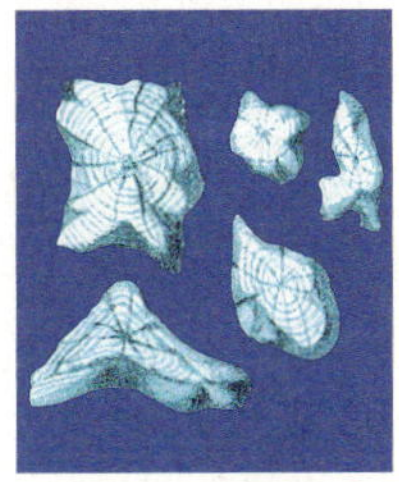
Hagelkörner

Eiskristall

Wenn im Herbst tagsüber die Luft trocken ist und nachts stark abkühlt, dann sind Pflanzen und Autos morgens oft mit Wassertröpfchen bedeckt. Das ist Tau. Fällt die Temperatur nachts aber unter 0 °C, kann alles mit kleinen Eiskristallen überzogen sein. Das ist Reif. Gibt es morgens Tau oder Reif, ist die Luft trocken. Meist folgt dann ein sonniger Tag.

Tau

Nebel ist eine Wolke, die am Boden liegt. Unzählige feine Wassertröpfchen bilden dort einen dichten Schleier.

Reif

Regen, Schnee, Tau, Reif und Hagel sind Niederschläge.
Gewitter und Nebel sind Wettererscheinungen.

Symbole für Niederschläge und					Wettererscheinungen	
 Regen	 Schnee	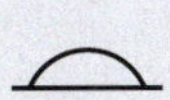 Tau	 Reif	 Hagel	 Nebel	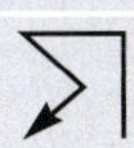 Gewitter

Das Wetter beobachten und vorhersagen

Früher schrieben vor allem Bauern und Seeleute Wetterbeobachtungen auf. Beobachtungen, die über Jahre ähnlich waren, dienten als Wettervorhersagen. Sie sind als Wetter- oder Bauernregeln bekannt. Oft trafen sie zu, oft aber auch nicht. Heute kann das Wetter mit einiger Sicherheit für etwa drei Tage vorausgesagt werden. Für Wetterbeobachtungen könnt ihr Hilfsmittel nutzen:

So könnt ihr damit Wetterbeobachtungen durchführen:

Das Wetter beobachten

- Beobachtet und messt im Freien täglich zur gleichen Zeit: Temperatur im Schatten (in etwa 1 m Höhe), Bewölkung, Wind, Niederschlag, Sonnenaufgang, Sonnenuntergang.
- Seht morgens nach, ob Tau oder Reif liegt.
- Schreibt die Ergebnisse in eine Tabelle.

Wettertabelle im Herbst					
Datum	10.10.	11.10.	12.10.	13.10.	14.10.
Uhrzeit	12.00	12.00	12.00	12.00	12.00
Temperatur in °C	11	13	12	5	4
Bewölkung	●	◑	◔	○	○
Niederschlag	▨			⌓	⌓
Windstärke Windrichtung	○⊸	⫯	⫯	○	○
Sonnenaufgang 🕘	7.36	7.38	7.40	7.42	7.44
Sonnenuntergang 🕘	18.41	18.39	18.37	18.35	18.33

Eine Wettertabelle führen

- Richte die Tabelle für 5 Tage ein. Beschrifte den Tabellenkopf: Überschrift, Datum, Uhrzeit. Fülle die erste Spalte aus.
- Lege eine Übersicht mit Wettersymbolen bereit.
- Trage deine Beobachtungen täglich ein.

1 Führe eine solche Tabelle in jeder Jahreszeit. Beschreibe das Wetter. Vergleiche deine Beobachtungen mit Wetterberichten für eure Region.

Das Wetter auf der Erde wird vor allem von der Sonne, der Luft und dem Wasser beeinflusst. Wissenschaftler aus aller Welt, die das Wetter beobachten und auswerten (Meteorologen), tragen dazu Informationen zusammen. Sie nutzen dafür moderne Technik.

Satelliten senden vom Weltraum Bilder, die Wolkenbewegungen über allen Erdteilen zeigen.

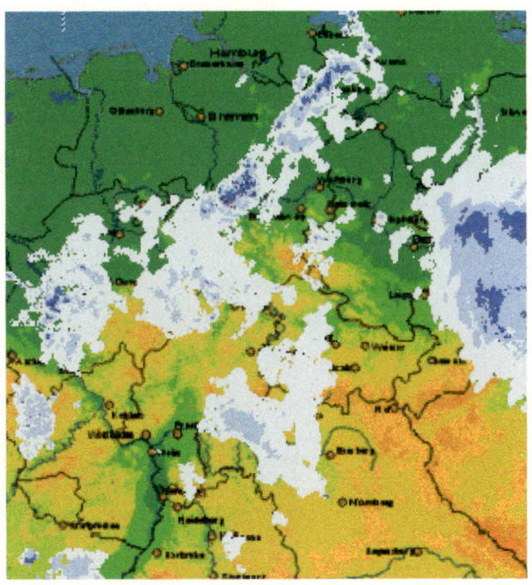

Radarbilder zeigen die Menge von Niederschlägen in einem bestimmten Gebiet.

In vielen Wetterstationen wird weltweit gleichzeitig das aktuelle Wetter beobachtet und gemessen.

Aus allen Informationen ermitteln Computer, wie sich das Wetter entwickeln kann. Du kannst den Wetterbericht für deinen Ort in Zeitungen, im Fernsehen, im Internet … nachlesen.

Warme Herbsttage – Altweibersommer

Zwischen Mitte September und Anfang Oktober steigt an sonnigen Tagen die Temperatur oft noch auf über 20 °C an.
Die Nächte sind schon kühl.
In den Spinnweben auf der Wiese und im Wald hängen am Morgen kleine Tautropfen.
Warme, trockene Winde wehen die feinen Fäden durch die Luft.

Über die glitzernden Silberfäden erzählte man in alter Zeit, dass weißhaarige Feen umherwandeln und das Land mit Seide überspinnen.
Im Volksmund heißt diese Zeit deshalb auch Altweibersommer.

Doch es sind Baldachinspinnen, die an warmen Herbsttagen an ihren Spinnweben durch die Luft segeln.

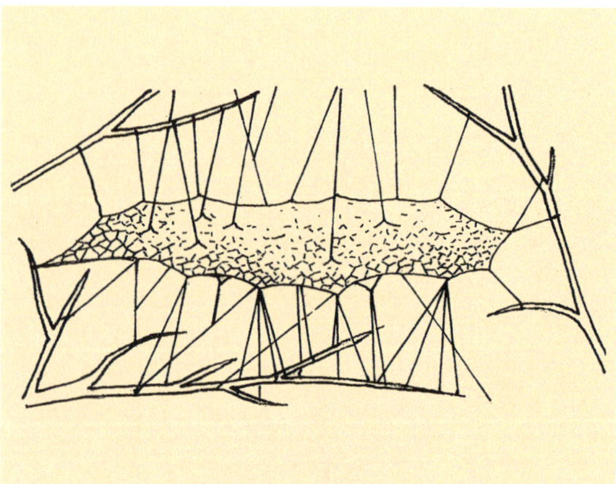

Die Spinne webt zwischen Grashalmen oder Sträuchern ein Raumnetz mit mehreren Ebenen und einem Dach. Das leicht gewölbte Netz sieht aus wie ein Thronhimmel – ein Baldachin.

Die Spinne hängt mit dem Rücken nach unten unter dem Netz. Dort lauert sie, gut geschützt, auf Beute, die sich im oberen Teil des Netzes verfängt.

1 Beobachte Spinnen im Herbst.
Schreibe und male deine Beobachtungen in ein Leporello.

Baldachinspinnen als Luftsegler

Die Spinnen leben allein. Nur wenn sich im September Männchen und Weibchen paaren, leben sie für Stunden oder auch Tage in einem Gespinst zusammen. Ein Duftstoff im Netz des Weibchens lockt Männchen an. Das Männchen wirbt um das Weibchen, indem es für uns nicht hörbare Töne aussendet. Dabei nähert es sich dem Weibchen und berührt es mit seinen Tastern. Das kann 5 Stunden dauern.

Nach der Paarung werden die Eier später im Körper des Weibchens befruchtet.

Das Weibchen webt einen Kokon aus weichen Seidenfäden. Es befestigt ihn an Blättern und Zweigen. In den Kokon legt es die Eier ab und beschützt ihn vor Fressfeinden.

Die Jungspinnen überwintern unter Laub und in Ritzen. Im nächsten Jahr wachsen sie heran. Dabei häuten sie sich mehrmals. Im Herbst pflanzen sie sich fort und sterben mit den ersten Frösten. Die Jungspinnen sind Flugsegler. Sie spinnen mit ihrem Hinterleib einen etwa 3 Meter langen Flugfaden.

Je nach Wetter und Temperatur schlüpfen die Jungspinnen nach wenigen Tagen oder einigen Wochen. In einem Kokon können sich hunderte kleine Spinnen befinden.

Mit dem Flugfaden trägt der Wind die Jungspinnen hunderte Kilometer weit. Sogar an sonnigen Wintertagen sind die „segelnden" Spinnen unterwegs. Sie können mehrere tausend Meter hoch fliegen.

★ Forscht nach: Wie spinnen die Spinnen ihre Fäden? Ihr könnt dazu ein Spinnennetz zeichnen.

Die Kartoffelpflanze

Im Sommer blüht die Kartoffelpflanze weiß bis hellviolett.

Aus der Blüte entwickelt sich die Frucht, eine grüne, kirschgroße Beere mit vielen Samen. Sie ist giftig.

Aus der Mutterknolle wächst ein Stängel.
Er bildet über der Erde eine Staude mit Laubblättern.
Unterirdisch wachsen am Stängel Ausläufer.
Sie verdicken sich am Ende und bilden neue Knollen.
Die Wurzeln versorgen die Pflanze mit Wasser und Nährstoffen.

1 Beschreibe mit Hilfe der Bilder und Texte die Teile einer Kartoffelpflanze. Informiere dich dazu auch im Internet.

Kartoffeln aus unserem Schulgarten

Kartoffeln, frisch geerntet und verarbeitet, schmecken köstlich und sind nahrhaft. Ihr könnt sie im Schulgarten pflanzen, pflegen und ernten.

Ende März

Stellt Kartoffeln an ein helles Fenster und lasst sie vorkeimen.

Mitte April

Pflanzt die Kartoffeln in Reihen. Beachtet die Abstände.

Mai

Haltet den Boden durch Grubbern locker und krümelig.

Juni

Häufelt die Erde um die Kartoffelpflänzchen herum an.

Juli

Jätet ab und zu Unkraut und schaut nach Schädlingen.

August

Seht öfter nach den Pflanzen. Bald welkt das Kraut.

September

Drei Wochen nach dem Welken könnt ihr die Kartoffeln ernten.

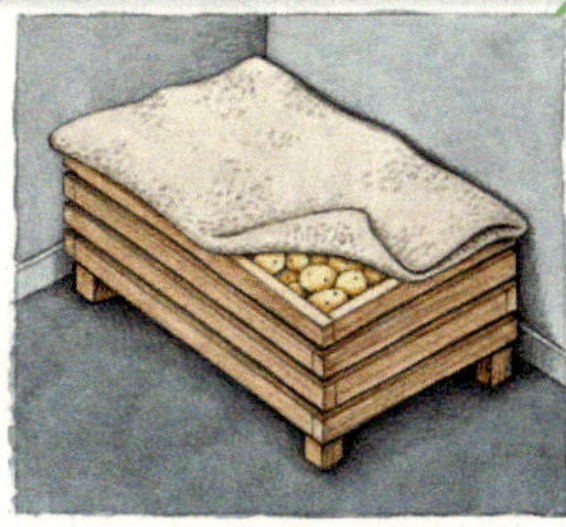

Lagert die Kartoffeln luftig, dunkel, kühl und trocken.

1 Sammelt Fragen rund um die Kartoffel. Legt Kärtchen an. Findet Antworten in Büchern, in Lexika und im Internet. Gestaltet damit die Rückseite eurer Kärtchen.

Eine nahrhafte Knolle

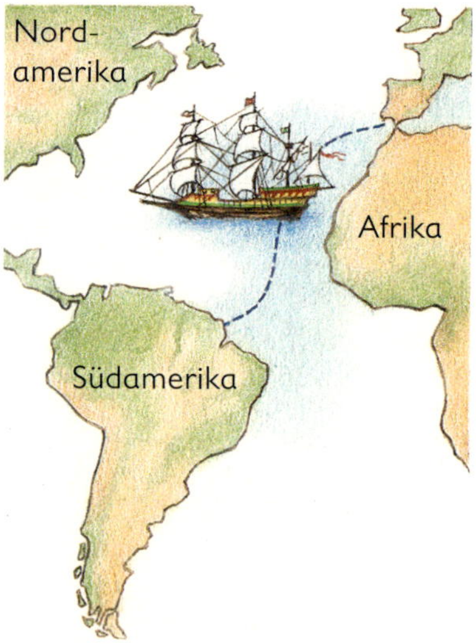

Vor etwa 500 Jahren brachten spanische und englische Seefahrer Kartoffeln aus Südamerika mit. Die Menschen im Anden-Gebirge nutzen sie seit langem als Nahrungsmittel. In Europa baute man die Kartoffel zunächst als seltene Zierpflanze in Gärten an.

Keine lustige Geschichte
Ein englischer Seefahrer schickte seinem Freund in Europa Kartoffeln. Er erzählte begeistert von deren köstlichem Geschmack. Der Freund brauche die Knollen nur zu setzen. Dieser folgte dem Rat, und tatsächlich wuchsen aus den Knollen Stauden mit schönen Blüten. Als die grünen Beeren reif waren, ließ er daraus, wie er glaubte, ein herrliches Mahl für seine Gäste bereiten. Die Beeren schmeckten allerdings fürchterlich, und den Gästen wurde übel. Warum wohl?

Seit etwa 200 Jahren werden in Deutschland Kartoffeln angebaut. 2007 aß jeder etwa 1,2 kg Kartoffeln und Kartoffelprodukte pro Woche.

Frische Kartoffeln sind gesund. Sie enthalten
- Kohlenhydrate für Energie,
- Eiweiß zum Wachsen,
- kaum Fett, sind Schlankmacher,
- Vitamine und Mineralstoffe für Abwehrkräfte,
- Wasser für viele Körperfunktionen.

1 Forsche weiter zur Herkunft und zur Verbreitung der Kartoffel.

2 Notiere in einem Geschäft, einem Supermarkt oder auf einem Markt Kartoffelsorten und Fertigprodukte, die dort angeboten werden.

★ Informiert euch: Wie kann man frische Kartoffeln verarbeiten? Sammelt Rezepte und bereitet aus Kartoffeln verschiedene Speisen zu. Verkostet sie in der Klasse und erstellt eine Hitliste.

Kartoffeln als Nahrungsmittel wertschätzen;
zu Herkunft, Sorten und Verarbeitung forschen

AH S.6

Der Kartoffelkäfer

Name: Kartoffelkäfer

Aussehen: etwa 7 bis 15 mm lang,
gelbe Flügeldecken mit je 5 schwarzen
Längsstreifen, gelbes Halsschild
mit schwarzen Flecken, Fühler, 6 Beine

Verhalten: lebt meist auf Kartoffelpflanzen, überwintert im Boden

Fortpflanzung: Ein Weibchen legt mehrere Eipakete
mit 30–70 Eiern an Blattunterseiten
meist von Kartoffelpflanzen ab,
Larven schlüpfen nach wenigen Tagen,
verpuppen sich nach 4 Wochen,
Käfer schlüpfen 2 Wochen später.

Nahrung: Käfer und Larven fressen vor allem
Blätter der Kartoffelpflanze.

Feinde: Laufkäfer, Wanzen, Kröten, Vögel, Wespen
Die Käfer scheiden zur Abwehr einen Saft aus.

1 Beschreibe, wie ein Kartoffelkäfer und seine Larven aussehen.

2 Beschreibe mit Hilfe des Steckbriefes die Entwicklung des Kartoffelkäfers.

Kartoffelkäfer können in kurzer Zeit ganze Kartoffelfelder vernichten und damit auch die Ernte. Vor 200 Jahren gab es deshalb sogar Hungersnöte. Noch vor 50 Jahren gingen Dorfkinder oft mit auf die Felder, um die vielen Kartoffelkäfer abzusammeln.

★ Beratet oder forscht nach:

Warum kann bei starkem Befall durch Kartoffelkäfer die Kartoffelernte vernichtet werden?

Wie können Kartoffelkäfer im Garten bekämpft werden?

Der Käfer heißt auch Colorado-Käfer. Welche Erklärung gibt es dafür?

Wetterberichte auswerten

Wie wird das Wetter? Diese Frage stellen sich nicht nur viele Menschen, die in ihrem Beruf mit dem Wetter zu tun haben, sondern alle, die draußen unterwegs sind. Wer im Winter zu Fuß geht, mit dem Rad oder dem Auto fährt, will zum Beispiel wissen, ob es draußen glatt ist. Landwirte fragen sich im Sommer, ob es trocken bleibt, denn bei der Ernte darf das Getreide nicht nass sein. Wer eine Veranstaltung im Freien besucht, will sich wettergerecht kleiden.

1 Schreibe in eine Tabelle:
Wer braucht Wettervorhersagen? | Begründung

Wettervorhersagen gibt es mehrmals täglich in verschiedenen Medien.

In der Zeitung

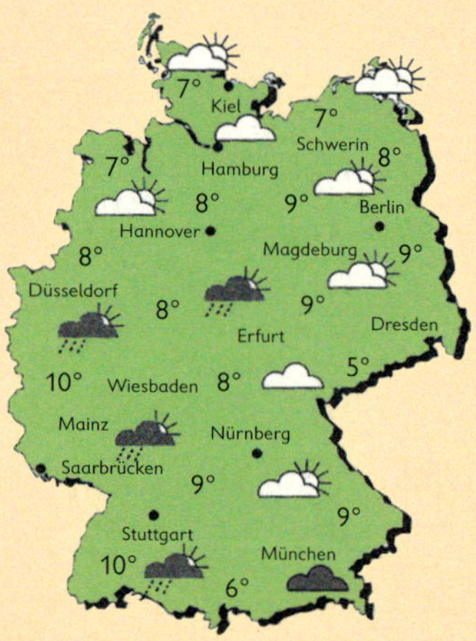

Die Wetterzeichen bedeuten:

zeitweise sonnig, dichtere Wolken

Regenschauer, zeitweise sonnig

stark bewölkt

trocken, einzelne Tropfen

Im Fernsehen

Im Radio

Im Internet

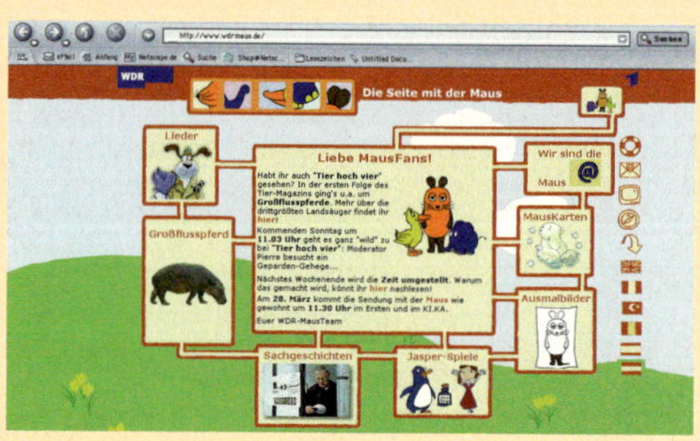

Suchwörter:
Wetter,
Wettersymbol,
Wetter heute,
Wetterbericht

Miteinander leben

Wie leben Familien hier und anderswo?
Welche Feste feiern Kinder in anderen Ländern?
Wie kann ich ohne Worte sprechen?

Wie Familien leben

Vivian Mutti ist Verkäuferin und Vati arbeitet bei einer Transportfirma. Er ist viel unterwegs. Leider habe ich keine Geschwister, aber ich wünsche mir so sehr einen kleinen Bruder.
In meiner Freizeit spiele ich Fußball im Verein. Ich sehe auch gern fern, am liebsten Fußball mit Papa.
Und ich koche gern. Mit Mutti gehe ich öfter einkaufen. Wir beraten dann, was wir am Wochenende kochen. Am liebsten esse ich Eintopf mit Fleisch, Kartoffeln und Gemüse. Das kann ich schon zubereiten.

Kingsley Mein Papa ist in den USA geboren. Er hat in Deutschland eine gute Arbeit in einer Computerfirma. Als er so alt war wie ich, war er mit seinen Pfadfindern oft zelten. Da hat er kochen gelernt.
Seine Spagetti mit Meatballs und einer süß-scharfen Preiselbeer-Chili-Soße schmecken wirklich toll.
Das Rezept hat er von meiner Oma. Ich nehme es auch mit in die Klasse – dort stellen wir Rezepte aus aller Welt vor. Mein großer Bruder ist jetzt für ein Jahr bei unserer Oma in Amerika, er geht dort zur Schule. In der Freizeit arbeitet er in einem Hospital.

1. Lies, was Vivian oder Kingsley oder Laura (Seite 31) über den Alltag in ihrer Familie berichten. Schreibe auf, wie du dir einen Tag in einer dieser Familien vorstellst.

2. Lest zuerst alle Berichte über Vivians Tag vor und vergleicht sie. Lest dann die Berichte über Kingsleys Tag vor und vergleicht.

3. Lest zuletzt alle Berichte über Lauras Tag vor. Vergleicht wieder eure Berichte.

In der Familie: geborgen sein • Vertrauen haben • Verantwortung übernehmen

Laura Meine Eltern sind geschieden. Ich habe zwei Schwestern, eine große und eine kleine. Wir verstehen uns gut. Wir helfen unserer Mutti auch im Haushalt, denn sie arbeitet im Krankenhaus im Schichtdienst. In den Ferien fahren wir zu unserem Vater nach Kroatien. Er ist jetzt mit Mila, einer Kroatin, verheiratet. Sie wohnen in Zagreb und haben dort ein kleines Imbiss-Restaurant. Mila kocht dort für uns ein kroatisches Sarma, das sind Krautrouladen mit Reis und Fleisch. Das essen wir besonders gern und die Gäste auch.

Jeder Mensch wächst in einer besonderen Kultur auf und lebt in seiner Familie auf besondere Weise. Vivians Eltern sind in Deutschland geboren, Kingsleys Vater stammt aus den USA und Lauras Vater aus Kroatien. In Ländern oder in Gruppen leben die Menschen nach eigenen Bräuchen. Sie sprechen unterschiedliche Sprachen, feiern ihre besonderen Feste, spielen ihre Musik mit eigenen Musikinstrumenten und kochen Speisen nach Rezepten, die sie von den Eltern kennen.

4 Was können Vivian, Kingsley und Laura von ihren Eltern erfahren und lernen?

5 Befragt euch gegenseitig:

Was kann ich von dir erfahren oder kennen lernen?

- Einen schönen Brauch, den du kennst.
- Interessante Wörter aus einer Sprache, die du sprichst.
- Eine leckere Speise, die du magst.
- Ein tolles Fest, das du feierst.
- …

Verständnis haben • Liebe erfahren und geben • Konflikte bewältigen

Freie Zeit – schöne Zeit?

1 Betrachte die Bilder. Warum wählen die Kinder diese Freizeitbeschäftigung?

2 Was machst du gern in deiner Freizeit?

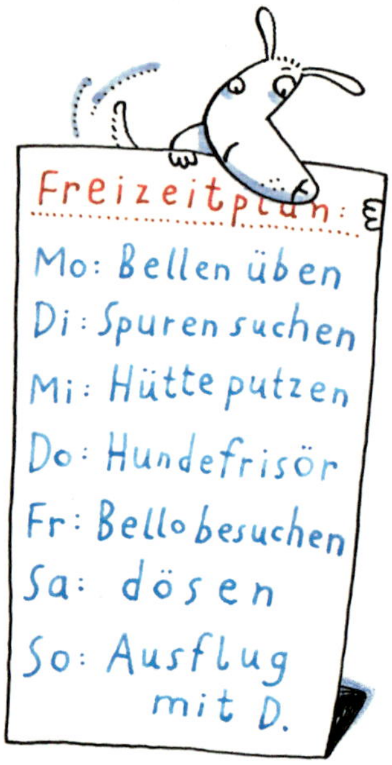

3 Was würdet ihr Jana raten? Sprecht über eure Ideen.

4 Gestalte einen Freizeitplan für das nächste Wochenende.

5 Lies Theos und Jorges Pläne auf Seite 33. Vergleiche sie mit deinem Plan.

Theo Meyer und Jorge Ankuman machen Pläne für das Wochenende:

Liebe Oma, wir laden Dich ein!
Am nächsten Sonntag wollen wir mit Dir einen Ausflug zum Oberlandsee machen.
Mutti, Sonja, Papa und ich waren am letzten Wochenende schon dort.

Nach dem Baden haben wir Picknick gemacht.
Liebe Grüße Dein Theo

Wochenend-Wunschzettel für ☀ und für 🌧

Wer kommt mit?	Mama, Papa, Tilo, Tante Miriam und ich, Jorge	
Meine Vorschläge:	zum Maifest auf den Rummel gehen, Karussell fahren, tanzen	bei Tante Miriam Urlaubsvideos sehen
Mahlzeiten:	am Kiosk Kuchen und Eis essen	zu Hause Reis mit Tomatensoße
Zeitplan:	14.00 – 18.00	15.00 – 18.00
Nicht vergessen:	Regenschirm, Getränke, Taschengeld	Videos, Kekse, Blumenstrauß

So leben Kinder anderswo

Materialpaket: Wir informieren uns über ein Land

Fahne		Wie sieht die Fahne aus?
Landkarte	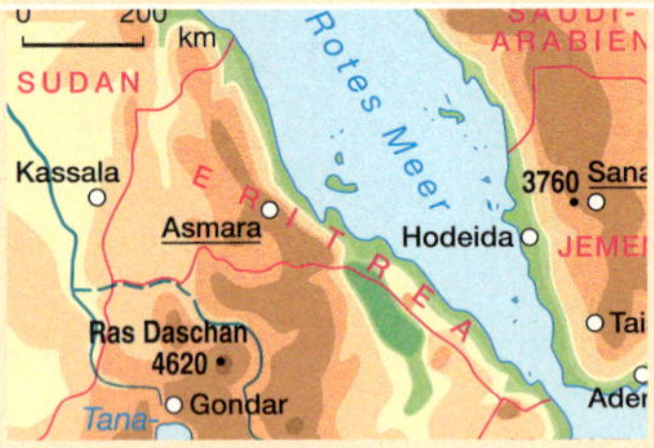	Wo liegt das Land?
Bilder von der Landschaft		Wie sieht die Landschaft aus? Welche Tiere leben dort?
Bilder von Menschen und Tieren		Wie leben und arbeiten die Menschen? Was essen sie?
Bücher über das Land, Internetadressen	Welche Sprache wird gesprochen? Wie sind die Menschen gekleidet? Welche Feste feiern sie? Welchen Schmuck tragen sie? Mit welchen Instrumenten machen sie Musik?	

Ein Materialpaket zusammenstellen

- Findet ein Thema.
- Sammelt Material.
- Gebt Einzelnen, Partnern oder Gruppen Aufträge.
- Legt für die Abgabe einen Termin fest.
- Sortiert gesammeltes Material in Kisten.
- Legt Listen an: Wer hat was mitgebracht?
- Wählt Material aus.
- Gebt geliehene Dinge danach zurück.

★ Findet selbst noch Fragen und sucht nach Antworten.

1 Gestaltet mit dem Material Vorträge oder eine Ausstellung oder eine Wandzeitung.

Diese Kinder leben in Eritrea in Nordostafrika. Bruder und Schwester sammeln Feuerholz. Oft müssen sie beim Suchen lange und beschwerliche Wege gehen. Viele Kinder in Eritrea lernen nicht lesen und nicht schreiben. Sie können keine Schule besuchen, weil sie ihre Familien unterstützen müssen. Sie hüten Vieh, betreuen jüngere Geschwister, holen Wasser, suchen Tierfutter und Brennstoffe oder bereiten das Essen zu.
Die meisten Familien bauen Nahrungsmittel selbst an. Auch bei der Feldarbeit helfen die Kinder. Ihre Arbeitskraft ist oft der einzige Reichtum der Familien.

Damit die Kinder zur Schule gehen können, werden im Land nach und nach Schulen gebaut. In diese Schule kommen Kinder aus den nahen Dörfern.
Sie besuchen die erste bis fünfte Klasse.
Hier wurde ein Brunnen gebaut.
Das ist sehr wichtig, damit die Kinder sauberes Trinkwasser haben und gesund bleiben. Noch gibt es nicht an jeder Schule Trinkwasser.
In Eritrea ist es oft sehr heiß, lange Zeit regnet es kaum. Dann wieder regnet es eine Zeit sehr lange und heftig.

2 Sammelt weitere Informationen über Kinderarbeit in einigen Ländern. Versucht Ursachen zu ergründen.

3 Sprecht darüber, warum noch viele Kinder in der Welt hungern.

AH S.10 S.2

Feste aus aller Welt

Überall auf der Welt feiern die Menschen Feste.
Sie kommen zusammen, um miteinander zu reden, zu musizieren, zu essen und zu trinken.
Sie wollen sich gemeinsam freuen, tanzen und ausgelassen sein.

1 Sprecht darüber, was ihr auf Feiern macht.

2 Gestalte ein Kärtchen zu einem Fest, das du kennst. Hier findest du Musterkärtchen.

Ostern in Deutschland

Zeit: erster Sonntag nach dem ersten Frühjahrsvollmond

Die Christen gedenken am Ostersonntag der Auferstehung Jesu Christi von den Toten. Sie feiern Ostern in der Kirchengemeinde und in der Familie. Die Fastenzeit ist beendet. Mit dem Osterfest sind viele Bräuche verbunden: …

Raksha Bandhan in Nordindien

Zeit: August

Raksha Bandhan ist das Fest der Liebe zwischen Schwester und Bruder. Raksha bedeutet Schutz und Bandhan Bindung.
In einer feierlichen Zeremonie schenkt die Schwester dem Bruder ein selbst geflochtenes Armband.

Der Bruder bedankt sich mit einer Gabe, manchmal schenkt er der Schwester einige indische Rupien, bei uns wären das ein paar Cent. Bruder und Schwester wünschen einander, gesund zu bleiben und füreinander da zu sein, auch wenn sie größer werden.

Wir flechten einen Rakhi für unsere Geschwister oder wir schenken das Band einer Freundin oder einem Freund.

AH S.10

S. 4, S. 5

Halloween in den USA

Zeit: letzte Nacht im Oktober

Dieses Fest ist sehr alt. Früher fürchteten die Menschen, dass böse Geister in dieser Nacht Unheil anrichten. Um sie fernzuhalten, stellten sie brennende Kerzen in ausgehöhlte Kürbisse.

Heute verkleiden sich die Kinder als Geister. Sie erschrecken die Nachbarn mit dem Ruf „Trick or treat" – „Spende oder Streiche". Sie bekommen dann Süßigkeiten.

Wir schmücken uns als Geister und feiern Halloween.

Neujahrsfest in China

Zeit: Es beginnt am ersten Tag des chinesischen Kalenders, meist im Februar, und dauert 15 Tage.

Das chinesische Neujahr ist eines der buntesten Feste der Welt. Zunächst reinigen die Familien ihre Häuser, um das Unglück des letzten Jahres zu vertreiben.
Sie schmücken die Räume mit Pfirsichblüten, das soll Glück bringen.
Feuerwerkskörper an der Tür vertreiben böse Geister.
Die Familien besuchen Verwandte und Freunde.
Als Glücksbringer schenken sie einander leuchtend orangefarbene Mandarinen mit Blättern.
Die Kinder bekommen rote Päckchen mit Glücksgeld.

Wir informieren uns über die Symbole des chinesischen Neujahrsfestes.

Reden ohne Worte

1 Betrachte die Fotos. Beschreibe die Situationen.
Finde passende Bildunterschriften.
Woran erkennst du, wie sich die Kinder fühlen?

Wir reden nicht nur mit Worten, sondern auch mit unserem Körper. Deine Körperhaltung, Bewegungen von Armen und Beinen, deine Stimme und dein Gesicht können zeigen, was du fühlst: ob du dich freust oder ärgerst, ob du nachdenklich, traurig oder ängstlich bist oder auch ob du schwindelst.

2 Meist verstehen wir den Gesichtsausdruck anderer Menschen von unserem Gefühl her richtig. Was zeigt dieses Gesicht?

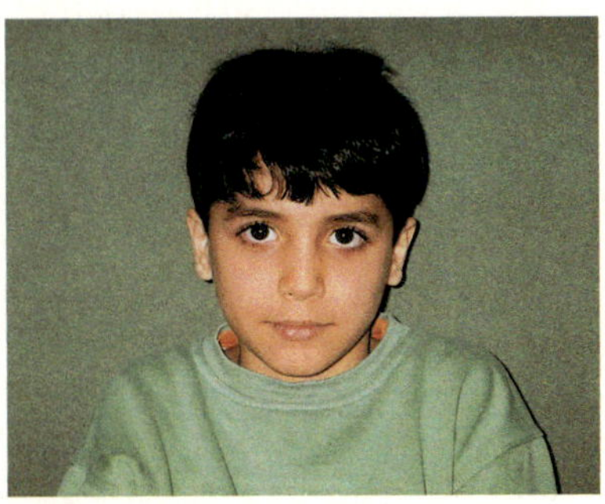

3 Schau in einen großen Spiegel. Stelle dir nun vor: Du freust dich, du bist ängstlich, du bist überrascht, du ärgerst dich, du ekelst dich, du schämst dich. Zeige es mit deinem Gesicht und deiner Körperhaltung. Du kannst auch Fotos von dir ansehen und darin „lesen".

★ Ein Rollenspiel: Du sitzt mit gesenktem Kopf, du kratzt dich am Kopf … Versteht dich deine Partnerin oder dein Partner richtig? Tauscht euch aus.

Sprache und Körpersprache als Kommunikationsmittel, körperliche Signale wahrnehmen lernen

Im Winter

Wie verändern sich Pflanzen, Tiere und das Wetter im Winter?
Wie stelle ich mich auf den Winter ein?
Wie entstehen Eiszapfen?

Wie Pflanzen überwintern

Die Kastanie wirft im Herbst ihre Blätter ab. Jetzt ist ihre Wuchsform deutlich zu erkennen. Bereits im Sommer, als der Baum reichlich Nährstoffe zum Wachsen hatte, legte er seine Knospen an. Es sind große, klebrige Knospen, aus denen im Frühjahr neue Blätter und Blüten sprießen werden. Nun aber ist der Baum in der Winterruhe. Alle Lebensvorgänge laufen langsam ab. Kastanien sind mehrjährige Pflanzen.

Kastanienknospe

Längsschnitt durch eine Kastanienknospe

Andere Pflanzen überdauern den Winter durch ihre unterirdischen Speicherorgane.

Schneeglöckchen

Veilchen

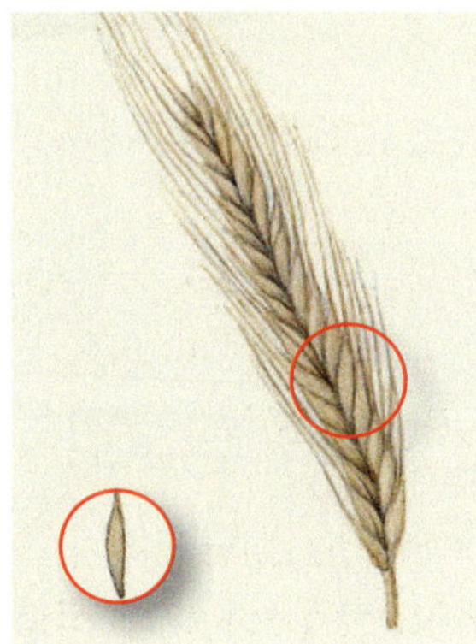

Roggen

Keimling aus einem Roggensamen

Das Schneeglöckchen hat eine Zwiebel und das Veilchen einen Wurzelstock. Darin haben die Pflanzen im Vorjahr Nährstoffe gesammelt und gespeichert. Schneeglöckchen sind mehrjährige Pflanzen. Veilchen können einjährig oder mehrjährig sein.

Roggen überdauert den Winter als Samen. Die Samenkörner reifen im Sommer in den Ähren. Sie enthalten viele Nährstoffe und auch den Keimling. Aus ihm entwickelt sich im nächsten Jahr eine neue Pflanze. Roggen ist eine einjährige Pflanze.

1 Schreibe Wörter aus dem Text auf, die du nicht verstehst. Schaue im Lexikon oder im Internet nach, was sie bedeuten.

Wie Tiere überwintern

Igel halten Winterschlaf.
Im Winter finden sie kaum Futter.
Sie fressen sich im Sommer ein Fettpolster an und schlafen 5 bis 6 Monate.

Eichhörnchen halten Winterruhe.
Sie schlafen oder ruhen mehrere Tage in ihrem Nest und suchen dann aber draußen wieder nach Nahrung.

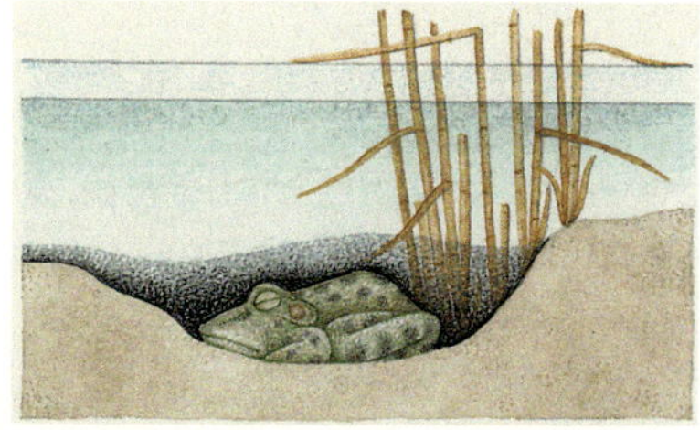

Frösche kriechen bei Kälte unter Baumwurzeln, in Erdlöcher oder in den Schlamm der Gewässer.
Hier verharren sie regungslos in Winterstarre.

1 Informiere dich im Internet über weitere Tiere, die Winterschlaf oder Winterruhe halten oder in Winterstarre fallen.

2 Wie überwintern Störche und Schwalben?

Viele Tiere sind auch im Winter auf Nahrungssuche unterwegs. Im Schnee sehen wir Fußspuren von Meisen, Krähen, Tauben und Sperlingen.
Im Wald und im freien Feld findest du Spuren und Fährten von Reh, Wildschwein, Feldhase, Fuchs, Maus und Eichhörnchen.
Erkennst du sie?

Zum Winter wird das Fell des Feldhasen dichter und dicker. Sein Winterkleid ist graubraun bis weißlich.
Als Einzelgänger ist er allein unterwegs.
Besonders in der Dämmerung sucht er Futter, zum Beispiel Knospen, Triebe und auch Baumrinde.
Schon im Januar paaren sich die Hasen.
Sechs Wochen später bringt die Häsin in einer Erdmulde auf dem Feld etwa fünf Junge zur Welt. Sie haben schon Fell und Zähne und können sehen.

Wasser im Winter – wir dokumentieren

4. Januar, 10.30 Uhr, –10 °C. An den Bäumen im Garten hat sich Raureif gebildet. Er besteht aus feinen weißen Eisnadeln.

25. Januar 9.00 Uhr. Einige Tage lang schien bei etwa –2 °C die Sonne. An den alten Telefonleitungen haben sich kleine Eiszapfen gebildet.

1 Findet Bildunterschriften zu den unteren Fotos.

2 Auf allen Winterbildern siehst du Wasser: mal fließend, mal als Schnee, mal … Wie kann Wasser im Winter noch aussehen?

Unterschiedliche Stofflichkeit des Wassers benennen, Wasserphänomene in der Umwelt suchen

Jeder Eiskristall hat sechs Strahlen, und doch …

Es war eine helle Winternacht. Der kleine Marder …

Schneeflocken bestehen aus winzigen Eiskristallen.
Kein Eiskristall gleicht dem anderen, aber sie sind immer sechseckig.
Die Eiskristalle auf dem Foto sind stark vergrößert.
In Wirklichkeit sind sie nur 3 mm lang:
Schnee sieht weiß aus. Schnee fällt sacht und dämpft Geräusche. Im Schnee zeichnen sich Spuren ab. Schnee schützt Pflanzen vor Kälte.
Kannst du ihn riechen, sehen, fühlen oder schmecken?

Wie viel wiegt eine Schneeflocke?
Sie wiegt fast nichts. Fange sie auf: eine, zwei, hundert Schneeflocken.
Du spürst ihr Gewicht nicht.
Wenn du aber unzählbar viele Schneeflocken zu einem Schneeball rollst, spürst du ihr Gewicht.
Lege den Schneeball auf eine Waage.
Auch beim Schneeschieben merkst du, wie schwer Schnee sein kann.
Unter einer Schneelast können sogar dicke Äste von den Bäumen brechen.

Fotos dokumentieren

- Besorgt Material: Zeichenkarton für ein Fotoalbum, Papier, Klebstoff, Schere …
- Wählt Fotos zu einem Thema aus. Manchmal wirken Fotoausschnitte eindrucksvoller.
- Verfasst kleine Texte: Bildunterschriften, Beschreibungen, Verse …
- Ordnet alles übersichtlich und klebt es auf.

S. 4, S. 5

Gefahren einschätzen lernen

1 Beschreibe die Situation auf jedem Bild.
Vermute, was passieren könnte.

2 Stellt Tipps zusammen: Wie wir uns bei Wintergefahren verhalten.

★ Suche aktuelle Nachrichten über Unfälle im Winter und berichte davon.

S. 4, S. 5

Bei Gefahren helfen

1 Welche Bilder auf den Seiten 44 und 45 passen zusammen? Erzähle dazu.

2 Wie hilft die Feuerwehr?
Informiert euch darüber in Sachbüchern,
bei einem Besuch in einer Feuerwache,
im Internet.

Über Hilfeleistungen bei Unfällen im Winter sprechen; zur Arbeit der Feuerwehr recherchieren

S. 4, S. 5

Rätselhaftes im Winter

Mein Winter-Forscher-Buch

1 Ich entdecke und erkläre: An kalten Wintertagen kann ich meine Atemluft sehen. Warum?

2 Ich untersuche und vergleiche: Verändert sich ein Schneeball, den ich 3 Tage in ein Gefrierfach lege, oder nicht?

3 Ich frage nach: Womit streut der Winterdienst, wenn die Straßen unseres Ortes glatt sind?

4 Ich fotografiere und lese nach: Wie entstehen solche Eiszapfen?

Ergebnis 4:
Der Winter ist lang und kalt, tagsüber aber scheint die Sonne. Sonne und warme Wohnungen lassen den Schnee auf dem Dach schmelzen. Langsam rinnt Schmelzwasser die Dachkante herab. Tropfen treten über, einer, noch einer und so weiter.
Wo es kälter ist, wie unter der Dachkante, gefrieren Tropfen wieder, einer am anderen. Langsam wachsen kleine Eiszapfen und werden länger und breiter.

5 Ich experimentiere: Ich fülle Wasser in ein Plastik-Ei. Dann lege ich es 6–8 Stunden in ein Gefrierfach oder bei Kälte nach draußen.

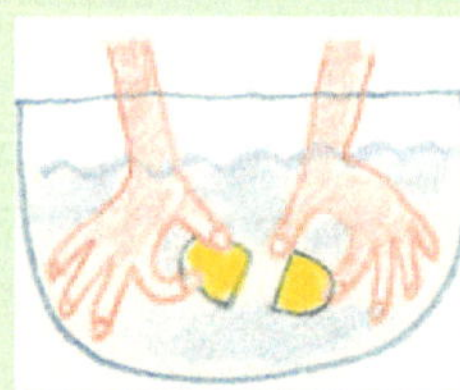

Lösungsansätze für Probleme zu Phänomenen des Winters entwerfen; experimentelle Methode anwenden

AH S.12

Das tut mir gut

Wie können Augen sehen? Wie können Hände „sehen“?
Warum „rauscht“ es in einem großen Schneckenhaus?
Wie schütze ich Augen und Ohren?

Was sehen meine Augen? Was „sehen“ meine Hände?

Hier stimmt was nicht!

Mit der Zunge kann man gucken,
mit den Beinen kann man spucken.
Auf den Ohren kann man kriechen,
mit den Augen kann man riechen.
Hören kann man mit den Zehen,
auf dem Mund, da kann man stehen.
Mit den Händen kann man lecken
und die Schokolade schmecken.
Mit den Knien kann man trinken,
mit der Nase kann man winken.
Damit endet das Gedicht
und mir scheint: Hier stimmt was nicht.

Paul Maar

Aber das stimmt.

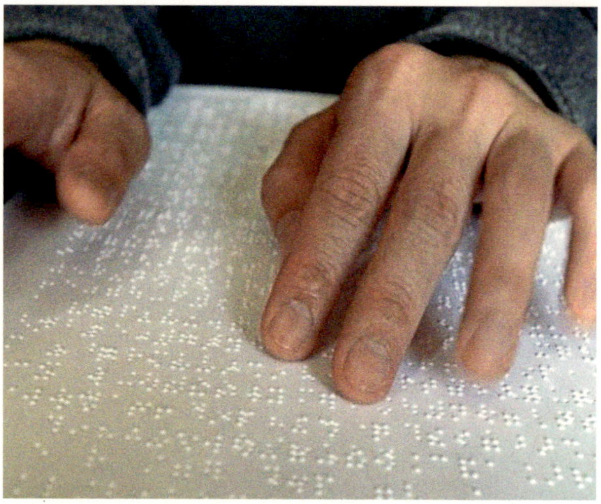

Mit den Fingern kann man lesen.

Kann man mit den Augen auch schmecken oder hören?

Eine Sachzeichnung beschriften

- Finde eine Überschrift für deine Zeichnung.
- Zeichne die Sache so,
  – dass man alle wichtigen Teile deutlich sieht.
  – dass man sieht, wie die Teile verbunden sind.
- Entscheide, was du beschriftest.
- Ziehe von jedem der Teile eine gerade Linie nach außen.
- Schreibe daneben, wie das Teil heißt.

Welches sind deine Sinnesorgane?
Wie nimmst du damit deine Umwelt wahr?

Meine Sinnesorgane

Bedeutung der Sinnesorgane erschließen;
Skizze bzw. Sachzeichnung anfertigen

S. 13, S. 14

Mit deinen Augen siehst du Farben, Formen, Größen, Entfernungen, Bewegungen, was oben oder unten ist. Räumlich siehst du nur mit beiden Augen. Wimpern, Augenbrauen und Augenlider schützen deine Augen. Die Augen sind sehr beweglich.

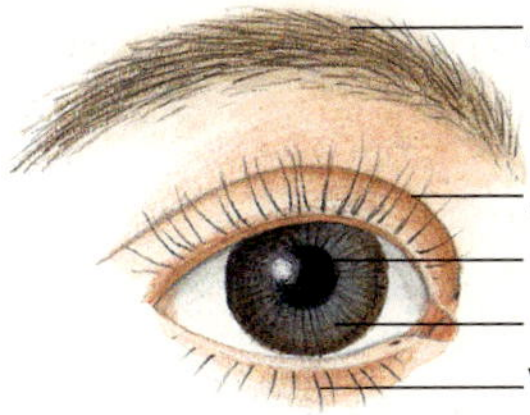

1 Betrachtet gegenseitig eure Augen.
Zeichnet und beschriftet sie.
Beobachtet: Was könnt ihr mit den Augen tun?
Wie verändern sich Pupillen im Hellen und im Schatten?

Mit den Ohren hörst du Geräusche, Laute, Töne und Klänge: laute oder leise, kurze oder andauernde. Die Richtung, aus der du sie hörst, erkennst du nur mit beiden Ohren. Vorsicht! Lärm schädigt die Ohren. Man kann schwerhörig oder sogar taub werden.

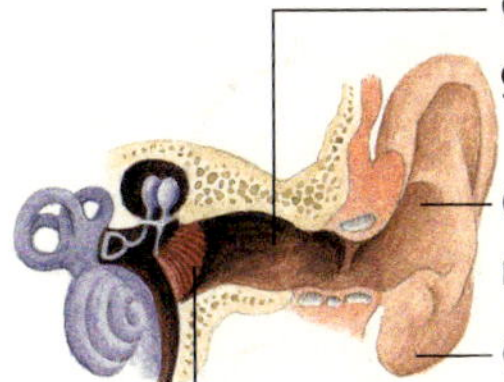

2 Probiert, was ihr mit eurer Stimme machen könnt.

Du hast etwa 10 000 Geschmacksknospen auf der Zunge. Damit erkennst du, ob etwas süß, sauer, bitter, herzhaft oder salzig schmeckt. Zugleich riechst du den Duft der Speisen und Getränke. Wenn du sie kennst, weißt du: Es ist Schokolade, Zitrone, Pampelmuse, Salzgurke …

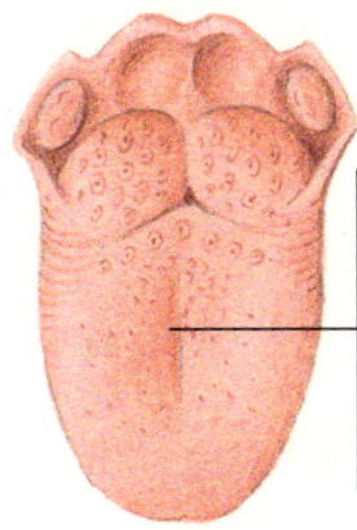

3 Probiert Speisen: Welche erkennt ihr, ohne sie zu sehen?

Mit deiner Nase nimmst du wahr, was süßlich, säuerlich, blumig, brenzlig, harzig oder faulig riecht. Geschmacks- und Geruchssinn wirken zusammen. Wer Schnupfen hat und nicht gut riechen kann, der schmeckt auch wenig.

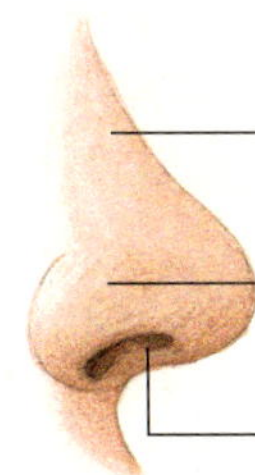

4 Berichte: Vor welcher Gefahr hat dich deine Nase schon gewarnt?

Die Haut ist dein größtes Sinnesorgan. Sie enthält viele Empfindungsnerven und Tastpunkte – du fühlst.

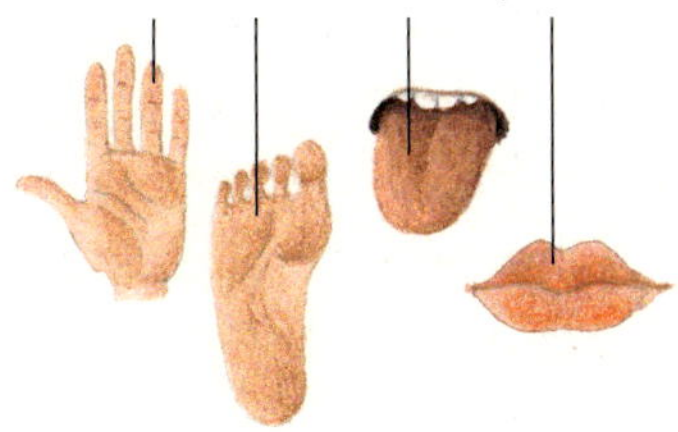

5 Probiere aus: Was teilt dir deine Haut mit? Berühre Eis, warmes Wasser, drücke, streichele, kneife …
Mit welchen Körperteilen kannst du Dinge erfühlen?

Teste deine Sinne

Deine Sinne brauchst du für fast alles, was du tust.
Das kannst du allein und mit anderen ausprobieren.

1 Findet heraus und berichtet:
Welche Sinne werden hier gebraucht?

2 Kannst du deinen Sinnen immer trauen? Manches, was wir sehen oder hören, verwirrt unser Gehirn. Probier mal:

- Lies nicht die Wörter, sondern nenne die Farben. Was bemerkst du?
  gelb rot violett grau schwarz orange blau rosa grün braun
  Das ist schwierig, denn deine linke Gehirnhälfte will, dass du die Farben nennst. Deine rechte Gehirnhälfte aber will, dass du die Wörter liest.

- Wie siehst du die Linien?

Lege nun ein Lineal an.

- Lege ein großes Schneckengehäuse an dein Ohr.
  Hörst du das Meer rauschen?
  Leider eine Täuschung: Das Gehäuse gibt Geräusche der Umgebung wieder. Deren Schwingungen verstärken sich in dem Hohlraum.
  Du hörst es rauschen.

Versuche es auch mit einem Glas.

★ Findet noch mehr Beispiele. Sucht im Internet unter „Sinnestäuschungen“.

differenzierte Wahrnehmungsübungen
mit den Sinnesorganen; Sinnestäuschungen erkennen

S. 4, S. 5

Wie schütze ich meine Sinnesorgane?

Deine Sinnesorgane – Augen, Ohren, Nase, Zunge und Haut – sind sehr empfindlich. Auf sie musst du sehr achten und sie besonders schützen. Wenn du dich verletzt, gehe zu einem Arzt.

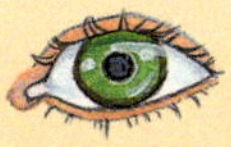

Sieh nicht in die grelle Sonne, auch nicht mit einer Sonnenbrille. Gehe vorsichtig mit spitzen Gegenständen oder gefährlichen Flüssigkeiten um.

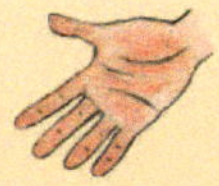

Vermeide Sonnenbrand und Erfrierungen. Halte Abstand zu heißen Gegenständen, zu Dampf, zu gefährlichen Flüssigkeiten. Vermeide Verletzungen.

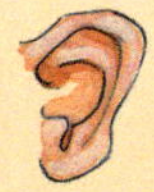

Höre Musik nicht zu laut. Vermeide in der Schule Lärm. Schütze deine Ohren vor lauten Geräuschen und Kälte. Stecke keine spitzen Gegenstände ins Ohr.

Iss und trinke nicht zu heiß, zu kalt, zu scharf. Nimm nie gefährliche Gegenstände oder Flüssigkeiten in den Mund. Hüte dich vor Insektenstichen.

Rieche nicht an gefährlichen Flüssigkeiten. Halte spitze oder scharfe Gegenstände von der Nase fern. Vermeide Erkältung.

1 Sprich zu den Bildern: Worauf sollten die Kinder achten?

2 Male oder schreibe auf ein großes Blatt Regeln: Wie schütze ich meine Sinnesorgane? Stellt die Blätter in der Klasse aus.

Nicht sehen oder nicht hören können

Wie leben Kinder, die nicht sehen oder hören können?

Niklas berichtet:

Wenn ich sehen könnte, wäre mein Leben schöner. Ich könnte Fußball spielen oder Rad fahren. Ich lese aber gern und lerne Flöte spielen. Und am Computer finde ich mich ziemlich gut zurecht.

Lea schreibt:

Ich würde gern einmal Mamas Stimme hören oder nach Musik tanzen. Ich erlerne die Gebärdensprache, aber die kann nicht jeder. Mit einer Mundbildschrift lerne ich schreiben, das ist auch nicht leicht.

1 Betrachte das Bild. Erzähle, was du über diesen Jungen erfährst.

2 Lies, was Niklas und Lea meinen. Sprecht darüber. Informiert euch weiter.

Ein Jugendlicher erfindet die Blindenschrift
Louis Braille wurde 1809 bei Paris geboren. Mit 3 Jahren erlitt er einen Unfall und erblindete mit 5 Jahren. Die Eltern lasen ihm viel vor, doch er war wissbegierig und wollte gern selbst Bücher lesen. Seit dem 11. Lebensjahr probierte er, eine Schrift für Blinde zu erfinden. Mit 16 Jahren fand er die Lösung, eine Punktschrift. Er hatte sich ein Schriftmuster mit 6 Punkten ausgedacht. Auf jedem Muster machte er einige Punkte für die Finger fühlbar. Er kombinierte die fühlbaren Punkte immer anders, sodass sich alle Buchstaben des Alphabets abbilden ließen. Brailles Punktschrift wird bis heute verwendet. Sogar an Computern kann man in Punktschrift schreiben.

Louis Braille

3 Versuche diesen Satz zu „lesen“.

A C E H I K L N S

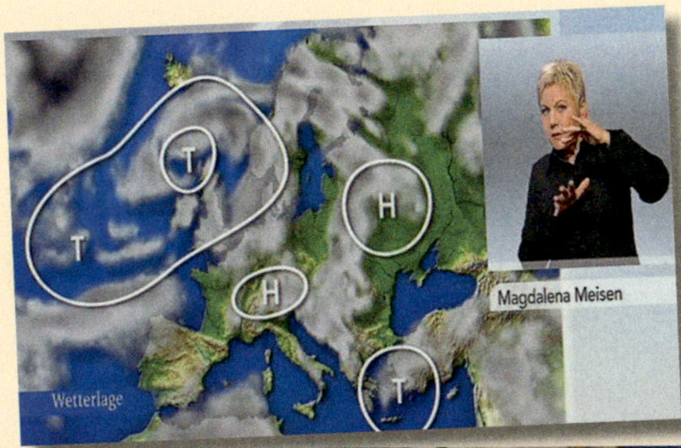

Auch Kleinkinder …

4 Was erfährst du aus diesen Bildern? Erzähle.

Menschen, die gehörlos sind, können sich mit einer besonderen Zeichensprache verständigen. Man nennt sie Gebärdensprache.
Sie besteht aus kombinierten Zeichen der Hände, der Mimik, des Mundes und des Körpers. Es ist nicht leicht, die Gebärdensprache zu erlernen, deshalb besuchen gehörlose Kinder meist auch besondere Schulen.

5 Versuche eine dieser kleinen Geschichten mit Gebärden zu erzählen.
Was stellt ihr als Vortragende und als Zuschauer fest?

Heute scheint die Sonne heiß. Lea und ihre Freundin kaufen sich ein großes Eis. Es schmeckt nach Himbeeren und Schokolade.

Luis und Ben sehen auf dem Schulweg einen kleinen Hund. Sie wollen ihn in die Schule locken. Doch der Hund hört einfach nicht auf sie.

Vor der Tür lag etwas Seltsames. Es sah aus wie ein Wollknäuel mit Ohren. Es schnurrte leise, fühlte sich nass an und roch ein bisschen nach Fisch. Was ist es wohl?

★ Denkt euch kleine Geschichten aus. Wenn ihr bestimmte Zeichen verabredet, könnt ihr auch eine Geheimsprache sprechen.

Drogen, nein danke! – Projektbericht

Darüber haben wir diskutiert:

Einige Meinungen:

Das wollten wir wissen und haben uns darüber informiert:

Wie wirkt Alkohol?

- Viele sagen, Alkohol macht gute Laune und beruhigt. Doch Alkohol ist ein Gift, er wirkt rasch: Wer viel trinkt, bewegt sich langsam, beginnt zu schwanken, stolpert oder stottert sogar. Er kann nicht mehr klar sehen und spürt kaum noch Schmerz oder Kälte. Manchem wird übel. Zu viel Alkohol vergiftet das Blut, man kann bewusstlos werden. Es besteht Lebensgefahr.
- Kinder werden durch Alkohol besonders stark geschädigt. Nicht nur Schnaps und Bier sind gefährlich, sondern auch Mixgetränke und Süßigkeiten mit Alkohol, den man oft kaum merkt.
- Alkohol stört die gesamte Entwicklung des Kindes: das Denken, die Beweglichkeit, das Sprechen.
- Alkohol ist eine Droge. Man kann davon abhängig oder schwer krank werden.

Wie wirkt Nikotin?

- Nikotin ist im Zigarettenrauch. Es ist eines der stärksten Gifte mit gefährlichen Wirkungen: kalte Füße und Hände, graue Haut, Atmen fällt schwer, Müdigkeit, Sehschärfe lässt nach bis zur Erblindung, lebensgefährliche Krankheiten.

Im Jugendschutzgesetz steht: Die Abgabe von Tabak und Alkohol

Drogen als gefährlich erkennen; Wissen über Folgen von Drogenkonsum vertiefen; Gruppendruck standhalten

AH S.16

Darüber haben wir diskutiert und Aktionen gestartet:

Aktion: Werbung gegen Alkohol

- eine Werbung für Alkohol suchen
- einen Werbespruch dagegen verfassen
- die Werbesprüche in der Klasse ausstellen

Aktion Rollenspiele: „Ich kann ‚Nein' sagen"

- mehrere Situationen spielen
  - „Nein" sagen, wenn Zigaretten angeboten werden
  - „Nein" sagen zu Alkohol
  - „Nein" sagen zu Tabletten bei Kopfschmerzen, andere Lösung suchen

Eine Projektwand gestalten

- Plant: Was wollt ihr wem mitteilen?
- Findet eine treffende Überschrift.
- Sucht oder gestaltet passende Bilder. Gebt ihnen Bildunterschriften.
- Schreibt passende Texte. Hebt das Wichtigste farbig hervor.
- Ordnet Texte und Bilder übersichtlich auf der Projektwand an.

an Kinder und Jugendliche unter 16 Jahren ist verboten!

Erste Hilfe für die Sinnesorgane

Du kennst Gefahren für deine Sinesorgane. Trotzdem gibt es im Haushalt und beim Spielen Unfälle. Manchmal kannst du dir selbst helfen, manchmal musst du Hilfe holen. Das solltest du wissen:

Sich selbst helfen bei kleinen Verletzungen	Sich helfen lassen bei Brand • Unfall • Vergiftung
 **Verbrennung** • verbrannte Stelle unter fließendes kaltes Wasser halten	• Ruhe bewahren, Erwachsene holen • bei schwerer Verbrennung Notruf 112 wählen (kostenfrei)
 **Sonnenbrand** • mit feuchtem Tuch kühlen, kalt duschen	• bei starker Rötung zum Arzt gehen
  **Verätzung durch gefährliche Stoffe** • betroffene Hautstellen sofort mit viel Wasser gründlich abspülen • das verletzte Auge öffnen, vorsichtig unter fließendem lauwarmen Wasser von innen nach außen ausspülen	• zum Arzt gehen, bei schwerer oder großflächiger Verätzung Notruf 112 wählen
 **Fliege, Sand, Wimper im Auge** • vorsichtig mit Wasser ausspülen oder zur Nase hin mit sauberem Taschentuch herauswischen	• wenn nötig, zum Augenarzt gehen
 **Verbrühung durch heiße Getränke** • sofort ein kaltes Getränk trinken	• wenn nötig, zum Arzt gehen
 **Nasenbluten** • hinsetzen, Nase mit Daumen und Zeigefinger zuhalten, durch den Mund atmen • kalten Waschlappen 5–15 Minuten in den Nacken legen	• hört die Blutung nicht auf, zum Arzt gehen

Notruf 112 Sprich langsam und deutlich:	**WO**	ist es passiert? (Adresse, Ort)
	WAS	ist passiert? (Brand, Unfall)
	WIE VIELE	Verletzte?
	WELCHE	Verletzungen?
	WARTEN	auf Rückfragen

Verletzungen der Sinnesorgane benennen, Erste-Hilfe-Maßnahmen kennen lernen; Notruf absetzen lernen

Bei uns und anderswo

Wie bauen wir ein Modell unserer Schule?
Was sollte ich über meinen Heimatkreis wissen?
Ich will Rad fahren, was muss ich wissen und können?

Ein Modell der Schule bauen …

Um ein Modell eures Schulgeländes zu bauen, müsst ihr alles von allen Seiten genau betrachten:

Ein Gelände erforschen

- Erkundet:
  - die Begrenzungen des Geländes,
  - Zugänge und Zufahrten,
  - die Anzahl der Gebäude und wie sie aussehen,
  - Wege, Anlagen, Bäume,
  - wie Gebäude und Anlagen zueinander stehen (Abstand, Richtung).

1 Sammelt Material. Baut Gebäude, Bäume …

2 Ordnet alles auf einem großen Packpapier an. Malt die Wege auf.

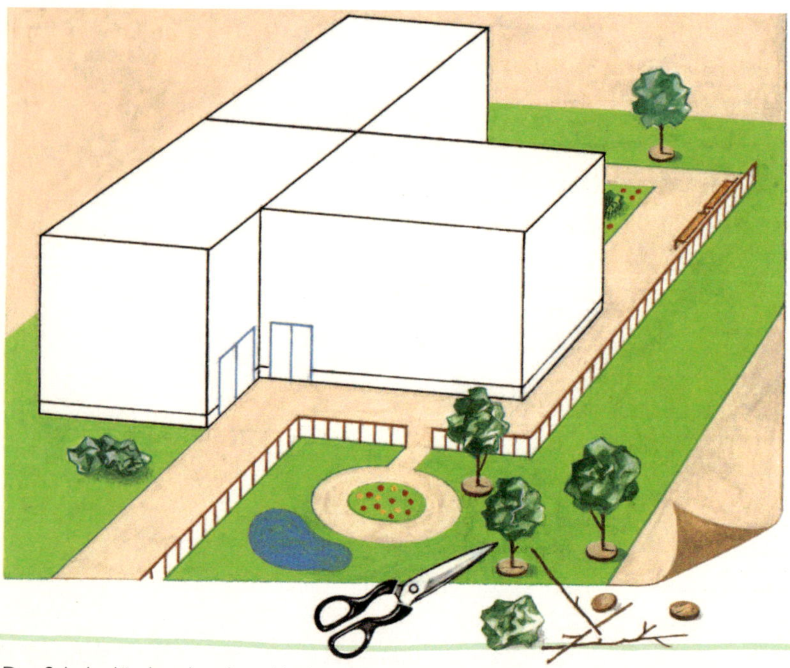

Beachtet:

- In einem Modell ist alles kleiner und einfacher: Häuser, Wege, Plätze, die Räume zwischen ihnen.
- Gebäude und Anlagen sind wie in der Wirklichkeit unterschiedlich groß.
- Alles muss so angeordnet sein, wie es auf dem Schulgelände zu sehen ist.

... und einen Plan davon zeichnen

So entsteht aus eurem Modell ein Plan.

- Umfahrt mit Stiften die Grundflächen der Häuser. Nehmt sie dann vom Papier herunter.
- Auf dem Papier seht ihr nun die Grundrisse der Gebäude. Alle Gebäude und Wege sind einfacher, kleiner und in der richtigen Lage zueinander aufgezeichnet.
- Vervollständigt euren Plan mit Grundrissen für Anlagen, Bäume und dem, was ihr sonst noch im Modell eures Schulgeländes dargestellt habt. Erfindet dafür Grundrisse und zeichnet sie farbig in den Plan.

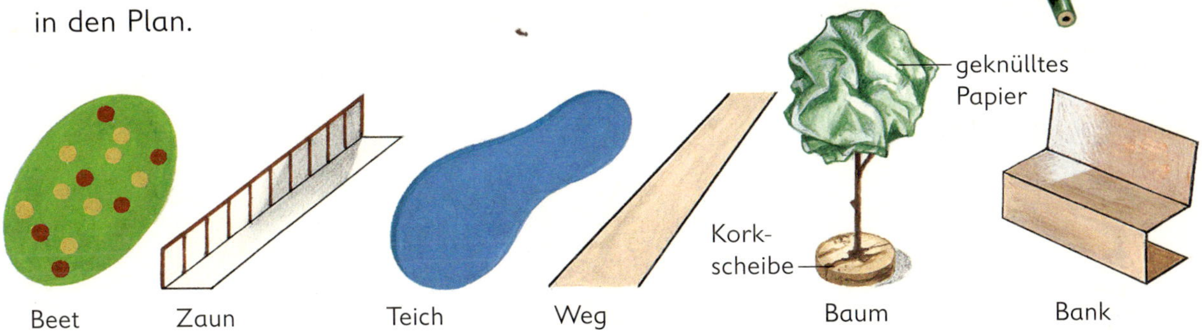

- Tragt in euren Plan die Haupthimmelsrichtungen ein. Orientiert euch dafür am Sonnenstand.
  N – Norden **S** – Süden **O** – Osten **W** – Westen

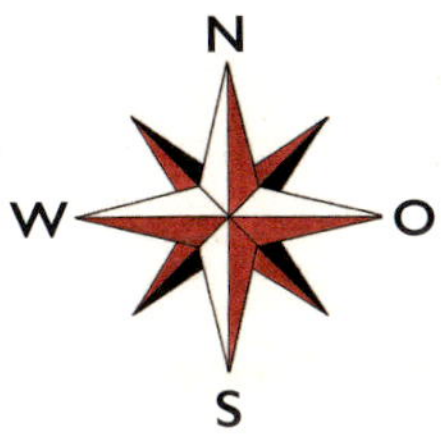

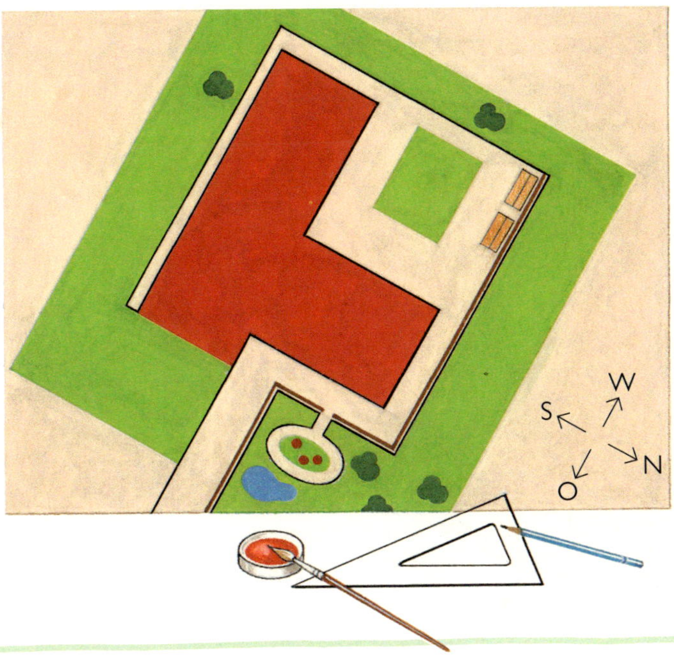

- Mit Hilfe dieser Legende ist euer Plan „lesbar". Sie erklärt die Farben, Linien und Zeichen.

Einen Ortsplan lesen und den Weg finden

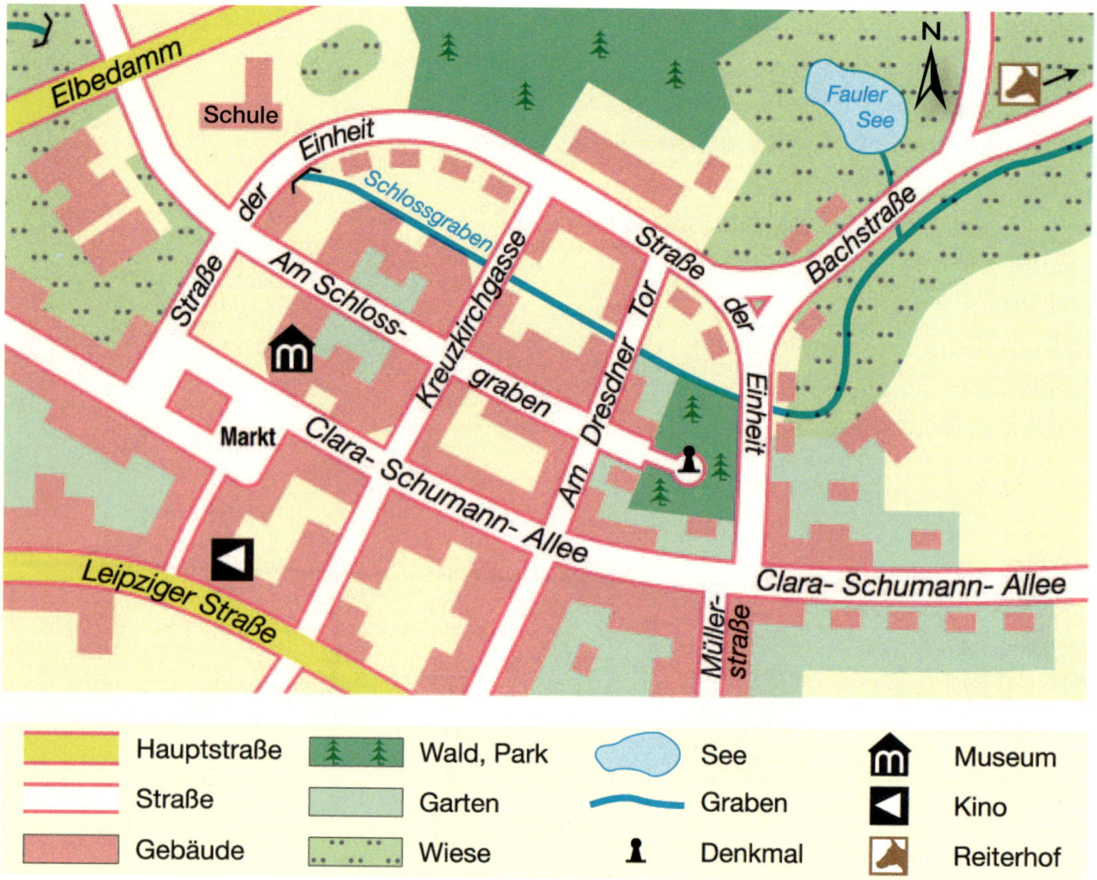

Ein Ortsplan zeigt Straßen und Gebäude, Plätze und Grünanlagen eines Ortes. Sie sind auf einer Fläche noch einfacher und kleiner in Grundrissen dargestellt. Zu jedem Plan gehört eine Legende, die alle Zeichen und Farben im Plan erklärt.

Auf dem Plan weist die Nordrichtung zum oberen Kartenrand.

Mit einem Ortsplan kannst du dich über einen Ort informieren, auch wenn du noch nie dort warst.

1 Arbeitet mit dem Ortsplan. Erfindet Aufgaben.

2 Findet auf dem Plan besondere Gebäude und das Denkmal.

Sich mit einem Ortsplan orientieren lernen; Legende verstehen, interpretieren; Wege finden

AH S.19

Landkarten als Orientierungshilfen

Karten helfen, sich in der Umgebung zurechtzufinden.
Eine Karte zeigt ein noch größeres Gebiet als ein Ortsplan.
Darauf ist alles noch kleiner und einfacher dargestellt.
Viele verschiedene Karten liefern unterschiedliche Informationen:

In eine Wanderkarte sind Wanderwege eingezeichnet.

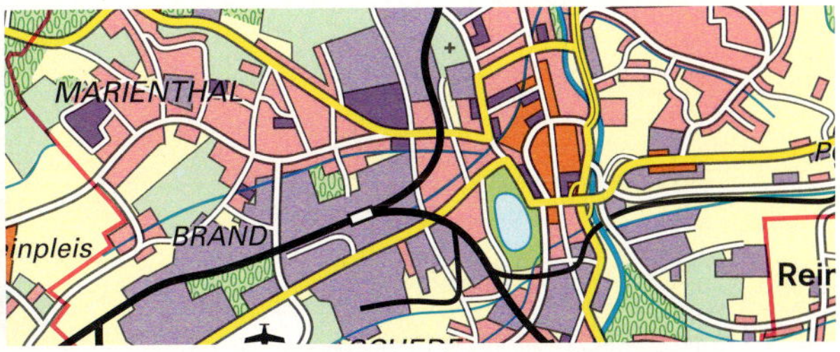

Mit einer Straßenkarte informieren sich Kraftfahrer über den Verlauf der Straßen.

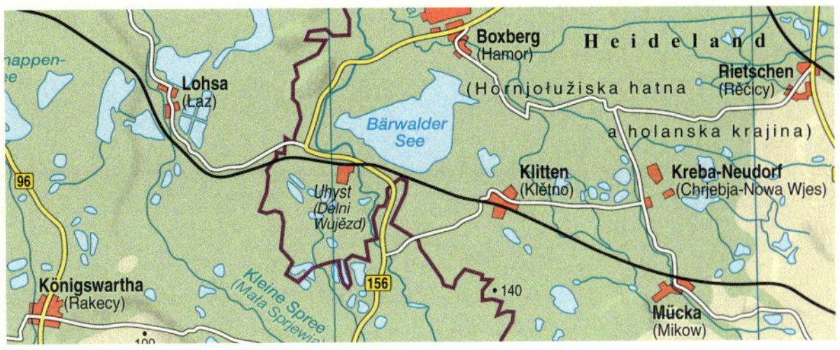

Eine physische Karte zeigt die Gestalt der Oberfläche eines Gebietes mit Gewässern, Siedlungen, Verkehrswegen und Grenzen.

Unser Heimatkreis – Landschaften und Höhen

Eine Ebene ist ein weites, flaches Gebiet. Dort gibt es keine Berge und keine Hügel.
In manchen Ebenen aber sind flache Bodenwellen zu finden.
Man kann weit ins Land schauen.

Ein Hügel erhebt sich nur wenig über seine Umgebung.
Hügel sind meist nicht höher als 200 m.
Sie haben abgerundete Kuppen und manchmal lang gezogene Rücken oder flache Hänge.
Oft liegen mehrere Hügel hintereinander wie eine Kette.
Landschaften mit Ebenen und Hügeln nennt man Tiefland.

Ein Berg überragt seine Umgebung.
Berge können über 1000 m hoch sein.
Manche Berghänge fallen steil ab.
In den Tälern zwischen den Bergen fließen oft Bäche und Flüsse. Manchmal füllen kleine Seen die Talböden.
Berge und Täler oder eine Kette von mehreren Bergen sind Gebirge.

Wie zeigen flache Karten hohe Berge?

Das ist eine Landschaft mit Berg und Tal.
Es sind kleine Häuser, Wiesen, Felder und Bäume zu sehen. Ein Fluss fließt in einen See.

1 Baut das Modell eines Berges.

- Ihr braucht dazu: Styropor, eine Schablone aus Pappe, eine Schere, ein Messer, Farben, einen Bleistift, einen Pinsel, ein Glas mit Wasser.
- So geht ihr vor:
  Markiert die Höhenlinien.
  Malt die Höhenschichten wie in der Abbildung unten mit passenden Farben aus.

So kann man die Landschaft mit Höhenlinien und Höhenschichten vereinfacht darstellen.
Jede Höhenschicht hat eine andere Farbe.

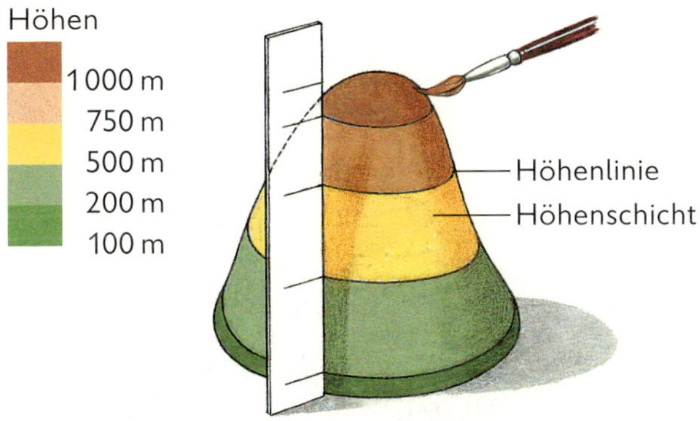

So kann euer Modell des Berges von der Seite aussehen. Höhenlinien sind eingezeichnet.
Jede Höhenschicht hat eine andere Farbe.

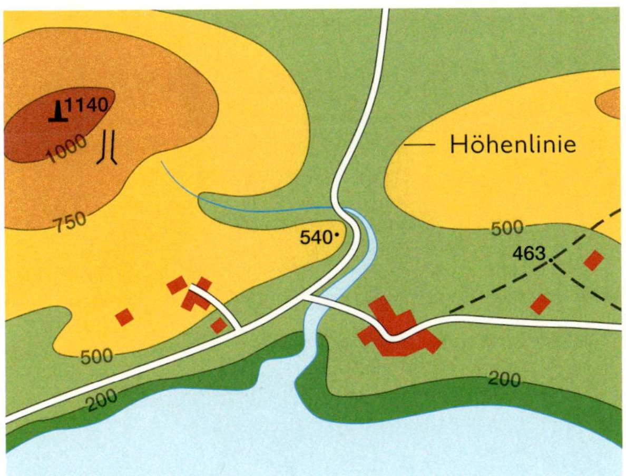

Von oben betrachtet sehen die Höhenschichten wie farbige Flächen aus. Hier sind Höhenlinien und Höhenschichten auf einer Karte dargestellt.

2 Stellt den Berg als farbige Fläche dar.

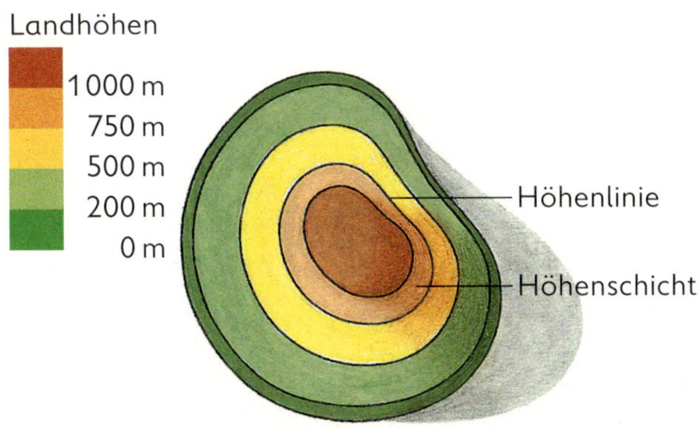

Wenn ihr euer Bergmodell von oben betrachtet, wirkt es wie eine farbige Fläche. So ähnlich sieht ein Berg auf einer Karte aus.

Mit Karte, Kompass und Weitblick

Auf einer Karte weist die Nordrichtung immer zum oberen Kartenrand.

1 Zeige auf der Karte Süden, Südosten, Osten, Westen.

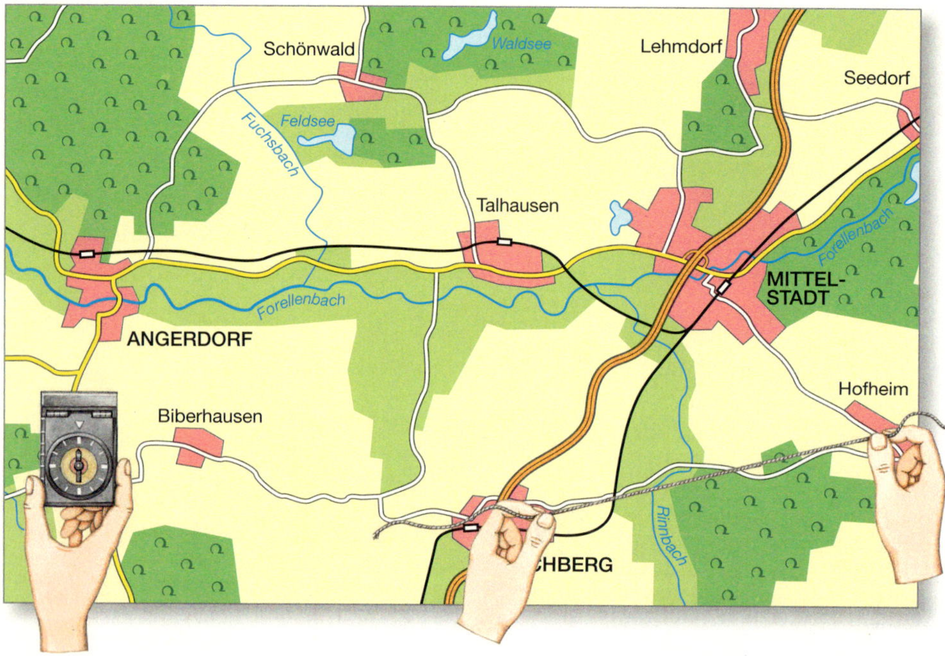

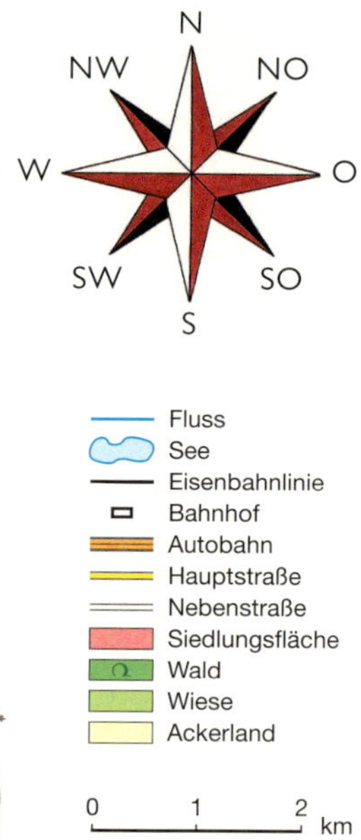

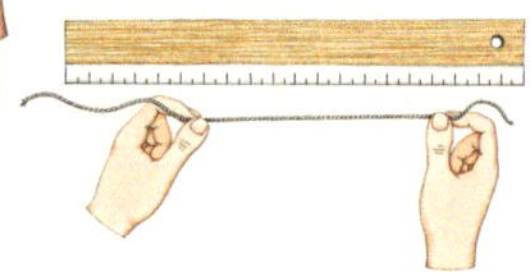

Mit einem Kompass findest du Himmelsrichtungen im Gelände.

Willst du im Gelände nach der Karte wandern, musst du die Karte mit dem Kompass nach Norden ausrichten, das heißt, die Karte einnorden.

- Drehe im Kompass die Skala, bis das **N** zum Richtungspfeil weist.
- Lege dann den Kompass mit der Anlegekante an den Rand der Karte.
- Drehe die Karte mit dem Kompass so, dass die Spitze der Kompassnadel auf das **N** in der Skala zeigt.

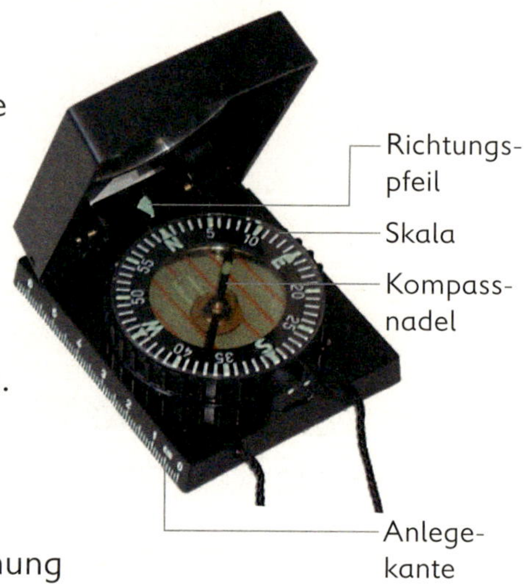

Um Entfernungen zu messen, halte eine feste Schnur an die Endpunkte der zu messenden Strecke. Schneide die Schnur an beiden Enden ab. Miss die Länge der Schnur. Errechne die Entfernung anhand des Maßstabes.

2 Informiere dich zum Kompass auch auf Seite 126.

3 Miss auf einer Karte des Bundeslandes die Entfernung von deinem Schulort zu einer kreisfreien Stadt.

Karte einnorden lernen; Entfernungen auf Karten schätzen, bestimmen; Himmelsrichtungen vertiefen

Unser Heimatkreis – eine Karte lesen

Jede Karte hat eine Überschrift. Sie sagt, was auf der Karte abgebildet ist.
Eine Legende hilft, die Karte zu lesen und zu verstehen.
Mit der Maßstabsleiste werden auf der Karte Entfernungen bestimmt.

1 Löse folgende Aufgaben.
Orientiere dich am Wegweiser.

- Wie viele Landkreise hat Sachsen?
- Wie heißen die kreisfreien Städte?
- In welchem Landkreis oder in welcher kreisfreien Stadt wohnst du?
- Wie heißen die Nachbarkreise, die an deinen Heimatkreis grenzen?
- Zeichne den Umriss deines Kreises auf ein DIN-A4-Blatt.

Eine Karte lesen

- Lies die Überschrift.
- Lies die Legende.
  Formuliere:
  Die Linien bedeuten …
  Die Farben bedeuten …
- Schau den Maßstab an.
  Mit seiner Hilfe findest du heraus, wie weit sich ein Kreis ausdehnt.
  Miss die längsten Entfernungen von Ost nach West und von Nord nach Süd.

Eine Karte des Heimatkreises lesen lernen;
den Aufbau der Karte und die Legende verstehen

AH S. 20, 21, 22

Die Wirtschaft des Heimatkreises erkunden …

In deinem Ort und deinem Heimatkreis leben viele Menschen. Sie arbeiten hier und kaufen ein, sie fahren mit dem Bus oder der Bahn, sie besuchen Kinos, Gaststätten oder ein Stadion. Alle Arbeitsstätten, wie Industriebetriebe, Betriebe der Handwerker oder Landwirte sowie Geschäfte bilden die Wirtschaft deines Heimatkreises.

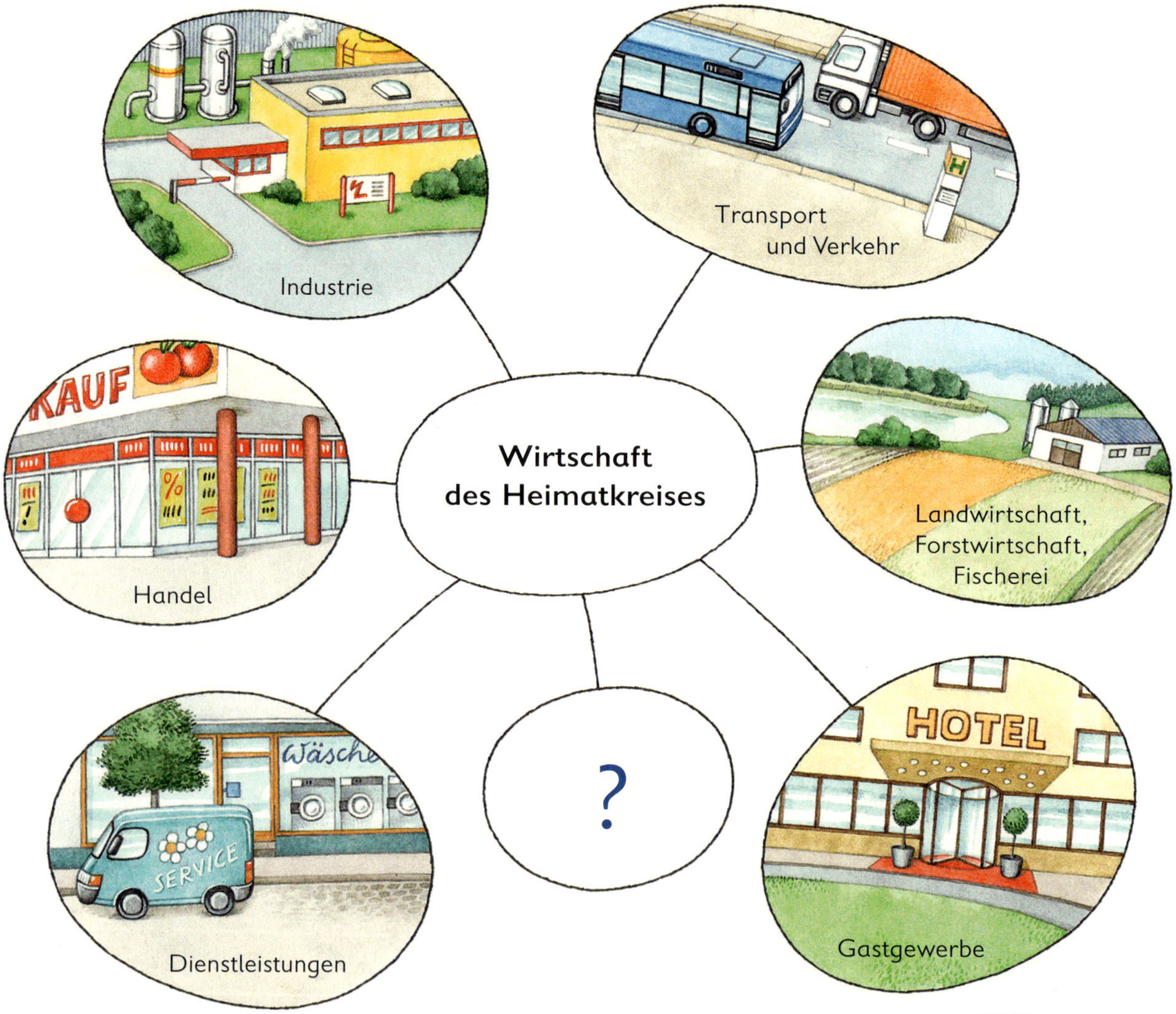

1 Was gehört in deinem Heimatort zur Wirtschaft?

2 Welche Transportwege gibt es in eurem Ort? Wohin führen sie?

3 Informiert euch über die Wirtschaft eures Heimatkreises. Legt eine Übersicht an. Benennt Betriebe, Geschäfte usw.

Einblicke in die Wirtschaft des Kreises gewinnen; typische Wirtschaftszweige benennen

AH S.23

... und präsentieren

So könnt ihr die Wirtschaft eures Kreises präsentieren:

Produkte aus der Staatlichen Porzellan-Manufaktur in Meißen

Was wird aus Porzellan hergestellt?
- Geschirr, wie ...
- Schmuck, wie ...
- Dinge zur Raumgestaltung, wie ...
- Kunstgegenstände, wie ...

Produkte der Viehzucht aus Naundorf (etwa 970 Kühe)

Was wird aus Milch und Fleisch hergestellt?
- Milchprodukte, wie ...
- Fleischprodukte, wie ...
- ...

4 Forsche nach: Welche Produkte aus dem Heimatkreis nutzt deine Familie?

Freizeit im Heimatort oder im Heimatkreis verbringen

Um Freizeitmöglichkeiten herauszufinden, kannst du vieles tun:

Mit Freundinnen oder Freunden beraten

Dich im Ort informieren

Mit der Karte eine Wanderung planen

Die Homepage des Heimatortes oder Heimatkreises ansehen

1 Informiert euch über Freizeitangebote für Kinder im Heimatort oder im Heimatkreis. Schreibt interessante Angebote auf.

2 Legt Prospekte zu Veranstaltungen für Kinder aus. Stellt einige Veranstaltungen genauer vor.

Notiere solche Angebote in deinem Heimatkreis.

Möglichkeiten der Freizeitgestaltung im Heimatort oder im Heimatkreis erkunden, dokumentieren

AH S.24
S.10, S.11

Ein alter Brauch – der Maibaum

Wie war es vor hundert Jahren?
Am Vorabend zum ersten Mai wurde im Dorf ein Maibaum aufgestellt: eine hohe Fichte. Vorher wurde ihre Rinde abgeschält, denn unter der Rinde konnte sich der Teufel in Gestalt eines Käfers verstecken – so glaubte man. Nur die Baumkrone ganz oben blieb stehen. Darunter wurde ein bunter Kranz angebracht und mit Bändern, aber auch mit Würsten, Nüssen, Eiern und Schinken behängt.
Über Nacht musste der Maibaum bewacht werden, denn sonst hätten ihn Jungen aus den Nachbardörfern umgeworfen und geplündert.

Am ersten Mai durften die Jungen nach oben klettern und nehmen, was sie fassen konnten. Aber vorher wurde der abgeschälte Stamm mit Schmierseife eingerieben. Dadurch wurde er noch glatter und das Hinaufklettern noch schwieriger. Die meisten Jungen aber rieben ihre Hände und Füße mit Asche ein. So konnten sie gut nach oben gelangen.
Am schönsten wurde es am Abend. Dann brachten die Mädchen dem Maibaum eine Kerze. Im Lichterglanz begann der Tanz um den Maibaum.

Was ist ein Bändertanz?
Vom Kranz des Maibaumes hängen bunte Bänder herab. Beim Tanz um den Maibaum werden sie um den Stamm gewickelt.
Mit solchen Tanzspielen sollte der Frühling begrüßt werden.

1 Lest den Text.
Beratet, warum dieser Brauch gepflegt wurde.

2 Erzähle von einem Brauch in deiner Familie.

3 Gestalte eine Seite zu einem sächsischen Brauch.

So ist mein Fahrrad verkehrssicher

Im Straßenverkehr muss dein Fahrrad mit diesen Teilen ausgerüstet sein. Das ist vorgeschrieben, damit dein Fahrrad verkehrssicher ist.

Nur wenn alle Teile an deinem Fahrrad funktionieren, ist es auch betriebssicher.

Die Kette muss straff gespannt sein, sonst kann sie abspringen.

Die Reifen sollten weder zu wenig noch zu stark aufgepumpt sein. Sie müssen genug Profil haben. Nur so rollen sie sicher.

Der Bremshebel darf auch bei starkem Bremsen nicht den Lenkergriff berühren. Er darf sich auch nicht zu leicht bewegen.

Sattel und Lenker sind richtig eingestellt, wenn deine Füße den Boden gerade noch berühren.
Alle Schrauben müssen fest angezogen sein.

1 Prüfe, ob dein Fahrrad verkehrs- und betriebssicher ist.
Lass dein Fahrrad ab und zu von einem Fachmann überprüfen.

Ein verkehrs- und betriebssicheres Fahrrad beschreiben;
das eigene Fahrrad überprüfen können (Fahrrad TÜV)

AH S.25

Kleine Geschichte des Fahrrades

1817
Laufrad

1 Das erste Fahrrad war ein Laufrad. Um vorwärts zu kommen, stieß man sich mit den Füßen vom Boden ab. Das Rad wurde nach dem Erfinder Karl Drais Draisine genannt. Es bestand fast nur aus Holz und hatte weder Bremsen noch Pedale.

um 1865
Tretkurbelrad

2 Etwa 50 Jahre später erfand man Pedale und schraubte sie an das Vorderrad. Eine Tretkurbel drehte nun das Vorderrad. Aus dem Laufrad wurde das Tretkurbelrad.

um 1870
Hochrad

3 James Starley entwickelte ein Hochrad mit Speichen, Vollgummireifen und Bremsen. Es fuhr schneller, doch das Auf- und Absteigen war schwierig, auch Stürze aus dieser Höhe waren sehr gefährlich.

um 1880
Niederrad

4 Nach der Erfindung des Kettenantriebs wurden zwischen Vorder- und Hinterrad Pedale angebracht. Wenn der Fahrer die Pedale trat, übertrug eine Kette den Antrieb auf das Hinterrad. Auf diesem Niederrad konnte man mit den Füßen leicht den Boden erreichen.

nach 1888

5 Dann erfand man Luftreifen und Rücktrittbremse. Das Fahrrad trat weltweit seinen Siegeszug an.

Aussehen und Technik der Fahrräder werden ständig verändert. Sie dienen als Verkehrsmittel …

1 Du kannst dein eigenes Rad vorstellen.

★ Heute gibt es viele unterschiedliche Fahrradtypen. Gestaltet dazu ein Plakat.

Mit dem Rad fahren – Was muss ich wissen?

Auf der Straße sind Radfahrer und Fußgänger Verkehrsteilnehmer. Deshalb müssen sie Verkehrsregeln, Vorschriften und Verkehrszeichen kennen und beachten. So schützen sie sich und andere vor Gefahren.

Die wichtigste Regel:

„Die Teilnahme am Straßenverkehr erfordert ständige Vorsicht und gegenseitige Rücksicht. Jeder Verkehrsteilnehmer hat sich so zu verhalten, dass kein anderer geschädigt, gefährdet oder mehr als vermeidbar behindert oder belästigt wird.“

- *Wo ist diese Regel aufgeschrieben?*

Achtung, Radfahrer!

- Kinder bis 8 Jahre müssen mit ihrem Fahrrad Gehwege benutzen, Kinder bis 10 Jahre dürfen Gehwege benutzen.
- Radfahrer müssen einzeln hintereinanderfahren.
- Die Fußgängerzone ist kein Radweg!
- Radfahrer müssen alle Verkehrszeichen beachten, auch Ampeln und Markierungen auf der Fahrbahn.

- *Welche Regeln sind noch zu beachten?*

Wichtige Verkehrszeichen kennen und beachten

Vorschriftzeichen

Radweg

Gemeinsamer Geh- und Radweg

Getrennter Rad- und Gehweg

Verbot für Fahrräder

Halt. Vorfahrt gewähren!

Gefahrzeichen

Gefahrstelle

Arbeitsstelle

Einseitig verengte Fahrbahn

Unebene Fahrbahn

Fußgänger

1 Gestaltet einen Aufsteller zum Thema „Rad fahren“.

AH S.26 S.5

Mit dem Rad fahren – Was muss ich können?

Wir üben im Verkehrsgarten oder in einem anderen sicheren Gelände.
Jede Übung wird bewertet: 

Training auf dem Übungsplatz

Zügig anfahren, ohne zu wackeln

<u>Sicher geradeaus fahren</u>
Zeichnet eine etwa 80 cm breite und etwa 3 m lange Gasse.
Jeder fährt zügig an und bleibt in der Gasse.

Nach hinten sehen, dabei geradeaus weiterfahren

<u>Schulterblick</u>
Schaut beim Durchfahren der Gasse nach hinten. Dort wird ein Schild hochgehalten.
Was steht darauf?

<u>Mit einer Hand fahren</u>
Fahrt durch die Gasse: einmal nur mit der rechten und einmal nur mit der linken Hand am Lenker.

Sicher mit einer Hand fahren

<u>Stark bremsen</u>
Stellt einen Kegel auf. Fahrt aus 10 m Entfernung darauf zu und bremst.

Bei Gefahr stark bremsen, ohne zu stürzen

1 Ermittelt euren Verkehrs-Champion.

Fahrpraktische Fähigkeiten als Radfahrer im sicheren Gelände erwerben; auf richtige Helmbenutzung achten

Mit dem Fahrrad im Straßenverkehr

Solche Situationen gibt es oft im Straßenverkehr.
Jeder Verkehrsteilnehmer muss dann genau wissen, was zu tun ist.

Eine Regel heißt: „An Kreuzungen und Einmündungen hat die Vorfahrt, wer von rechts kommt“, kurz gesagt: „rechts vor links“.
Wer fährt hier zuerst?

Wenn Verkehrszeichen die Vorfahrt regeln, ist die Regel „rechts vor links“ aufgehoben:

Halt. Vorfahrt gewähren!
Bei diesem Zeichen müssen Fahrzeuge immer an der Haltelinie anhalten, auch wenn von links und rechts kein Fahrzeug kommt.
Wann dürfen sie weiterfahren?

Fußgängerüberweg
Alle Fahrzeuge müssen vor dem Überweg anhalten, wenn sich Fußgänger darauf befinden.
Wann dürfen sie weiterfahren?

Dem Gegenverkehr Vorrang gewähren!
Hier ist eine Arbeitsstelle. Das Zeichen gibt an:
Der Gegenverkehr hat Vorrang.
Wer darf zuerst fahren?

1 Findet dieses Zeichen an einer Kreuzung und fotografiert es.
Informiert euch, was es bedeutet.

Vorfahrt gewähren!

2 Gestaltet eine Übersicht mit Texten, Bildern und Fragen zu Verkehrszeichen in eurer Umgebung.

Material zur Verkehrswirklichkeit auswerten;
Eigenverantwortung/Verantwortung gegenüber anderen

AH S.27

Verkehrsregeln sicher anwenden

Wie machst du es richtig?

1 Beschreibe, wie du an einer solchen Kreuzung sicher abbiegen kannst.

2 Wie kannst du an diesem Hindernis sicher vorbeifahren?

3 Beratet in Gruppen:
Worauf müssen Radfahrer in diesem Wohngebiet achten?

Mit einem Plan umgehen

Das ist ein Ausschnitt aus dem Stadtplan von Dresden.
Ihr könnt euch darin selbstständig zurechtfinden.

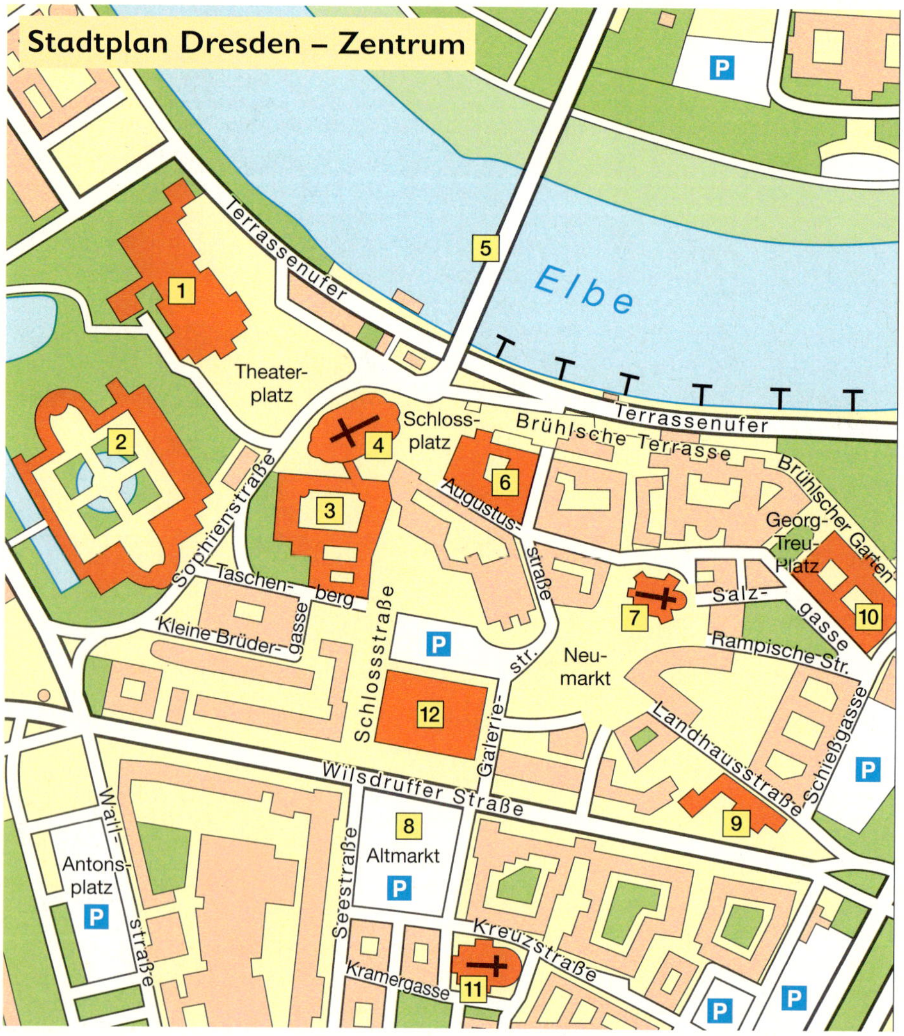

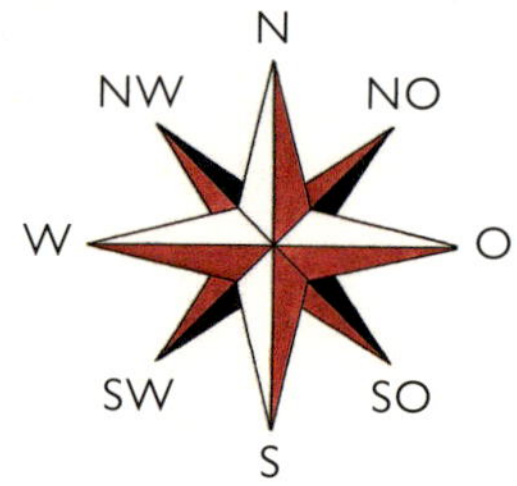

- Sehenswürdigkeit
- Sonstiges Gebäude
- Park, Grünanlage
- Grünland
- Freifläche, Platz
- P Parkplatz
- Straße
- T Anlegestelle

1 Semperoper
2 Zwinger
3 Schloss
4 Hofkirche
5 Augustusbrücke
6 Ständehaus
7 Frauenkirche
8 Altmarkt
9 Stadtmuseum
10 Albertinum
11 Kreuzkirche
12 Kulturpalast

0 50 100 150 m

1 Arbeitet in Partnerarbeit mit diesem Plan. Notiert eure Ergebnisse.

A An welchem Fluss liegt Dresden?

B Findet auf dem Plan den Zwinger, die Frauenkirche und eine andere Sehenswürdigkeit. Beschreibt deren Lage in der Stadt.

C Benennt 3 Straßen und Plätze, an denen Sehenswürdigkeiten liegen, zum Beispiel: Die Semperoper befindet sich …

D Jeder beschreibt einen Weg durch das Dresdner Zentrum.
- Wählt einen Ausgangspunkt und einen Zielpunkt.
- Bestimmt die Entfernung eures Weges.
- Findet den kürzesten Fußweg zwischen Ausgangspunkt und Ziel.

Den Umgang mit Stadtplan und Legende sowie die Bezeichnung der Himmelsrichtungen üben

Früher und heute

Woran erkenne ich Gebäude aus früherer Zeit?
Wie lebten Kinder früher auf dem Land?
Was erzählen mir alte Küchengeräte?

Früher Burg und Schloss, ...

Was ist auf dem Bild zu sehen?

Das Foto zeigt das Doppelschloss: Forderglauchau und Hinterglauchau.

Warum ist es ein doppeltes Schloss?

Ein Wohnraum im Schloss Hinterglauchau

Das Schloss Forderglauchau

Vor über 800 Jahren gründeten die Herren von Schönburg auf einem Felsvorsprung an der Mulde die Wehrburg Glauchau. 300 Jahre später wurde die Burg zu einem Wohnschloss umgebaut. Darin lebte die Familie von Schönburg.
Bald aber reichten die Räume für das herrschaftliche Leben nicht mehr aus. Deshalb wurde das alte Schloss Hinterglauchau genannt und ein zweites Schloss erbaut: Forderglauchau.
Beide Schlösser trennt ein Wassergraben.
Die späteren Grafen von Schönburg lebten hier bis zum Jahr 1945.

1 Was möchtest du über die Schlösser wissen? Informiere dich.

2 Fotografiere ein altes Bauwerk im Heimatkreis. Erkunde, wann es erbaut wurde, wozu es früher diente und wie es heute genutzt wird.

 Texte exemplarisch erschließen, zum Erkunden eines alten Bauwerkes im Heimatkreis nutzen

AH S.29, 30

… heute Museum und Bibliothek

Heute besuchen viele Menschen aus nah und fern die beiden sehenswerten Schlösser.
Im Schloss Hinterglauchau befindet sich das Museum der Stadt Glauchau. Hier sind Gemälde, Figuren, Möbel, Vasen, Leuchter, Kostüme, Waffen und Spielzeug zu sehen. Wer will, kann zur Geschichte des Gebietes auch selbst forschen.
Ein Handwebstuhl erinnert daran, dass in Glauchau früher viele Tuchmacher gelebt haben.
Im Sommer gehen die Schlossbesucher auch gern in die unterirdischen Gänge.

Im Schloss Forderglauchau können Kinder in der Musikschule ein Instrument erlernen. Dort ist auch eine große Bibliothek für Kinder, Jugendliche und Erwachsene. Hier werden nicht nur zahlreiche Medien angeboten, sondern auch interessante Veranstaltungen. Besonders beliebt sind Vorlese-Wettbewerbe und Lese-Nächte für Kinder.

3 Was würdest du im Schloss Glauchau gern ansehen oder besuchen?

Wie kam das Museum ins Schloss?

1932 erhielt die Stadt von der gräflichen Familie im Schloss Hinterglauchau Räume für das Museum.

Was ist in den Schlössern zu sehen und zu erleben?

- Museum
- Kunstausstellungen
- Bibliothek
- Dichterlesungen
- Konzerte
- Nacht der Schlösser
- Lese-Nächte
- Musikschule

Wo kann ich mehr über die Schlösser erfahren?

- in der Chronik des Ortes
- von Experten
- im Internet

Leben auf dem Land – früher und heute

Diese Wasserpumpe stand vor 135 Jahren auf einem Bauernhof in Sachsen. Damit wurde Grundwasser aus der Erde gepumpt. Mit Kannen und Eimern trug man das sehr kalte Wasser ins Haus.
In solchen hölzernen Wannen wurde Wäsche gewaschen und manchmal gebadet.

1 Beschreibe: Was war zu tun, wenn alle Familienmitglieder baden wollten? Überlege: Wie konnte die Familie Arbeit und Wasser sparen?

Auf jedem Bauernhof wurde Wasser gebraucht – zum Trinken, Kochen, Waschen, im Garten, für die Tiere. Gab es keine Pumpe, mussten meist Frauen und Mädchen das Wasser von Brunnen holen. Viele trugen die Eimer hunderte Meter zum Haus, oft auch bergauf.

2 Woher bekommt deine Familie Wasser? Erkunde: Wofür verwendet ihr es?

3 Heute verbraucht jeder Einwohner Sachsens 88 Liter Wasser täglich.
Wie oft müsste man dafür mit einem 10-Liter-Eimer zum Brunnen gehen?

Einblicke in Lebensgewohnheiten der Menschen auf dem Land früher und heute, das Leben vergleichen

AH S.31, 32

Früher: Bei der Getreideernte halfen alle Dorfbewohner, auch die Kinder.

Die geschnittenen Halme band man zu Garben zusammen. Diese wurden in „Puppen“ zum Trocknen aufgestellt.

Waren die Garben getrocknet, fuhr man sie in Leiterwagen zum Bauernhof. Dort wurden sie in der Scheune gelagert.

Im Herbst wurden die Körner auf der Scheunentenne ausgedroschen, gesammelt und in Säcke geschüttet.

Rechen zum Zusammenrechen der Halme

Sense zum Schneiden der Halme

Dreschflegel zum Ausschlagen der Körner

Heute mäht ein Mähdrescher viele Getreidehalme auf einmal ab, zieht sie ein und drischt die Körner in einer Dreschtrommel sofort aus. Im Korntank werden sie gesammelt und von dort durch ein Rohr auf einen Wagen transportiert und weggefahren. Das Stroh wird ausgeworfen, gehäckselt und auf dem Feld verteilt. Getrocknet wird es als Tierfutter oder als Streu im Stall verwendet.

4 Schreibe eine Tabelle: Getreideernte früher – Getreideernte heute.

Historische Quellen erforschen

Ein altes Foto

Eine alte Küche im Museum

Ein Oldtimer

Seit langer Zeit stellen die Menschen vieles her, was sie zum Leben brauchen oder woran sie sich erfreuen: Sachen für den Haushalt, Werkzeug, Maschinen, Häuser, Brücken, Fahrzeuge, Bücher, Gemälde, Schmuck.
Geschichtsforscher erhalten durch diese Sachen viele Informationen über das Leben früher. Man nennt sie daher historische Quellen oder Quellen für unser Wissen über die Vergangenheit. Auch alte Bräuche gehören dazu. Vieles ist schon erforscht und aufgeschrieben, aber immer wieder ist etwas zu entdecken.

Omas Poesiealbum

Historische Quellen gibt es auch bei dir zu Hause: eine alte Postkarte, eine Uhr vom Urgroßvater oder ein altes Foto deiner Familie.
Willst du solche Quellen enträtseln, musst du wie ein Forscher viele Fragen stellen:

- Wer war der Fotograf?
- Was und wer ist auf dem Foto zu sehen?
- Wo und wann ist das Foto entstanden?
- Warum wurde das Foto gemacht?
- Erklärt ein Text das Foto? Wer hat ihn verfasst?
- Wo wurde/wird das Foto aufbewahrt?

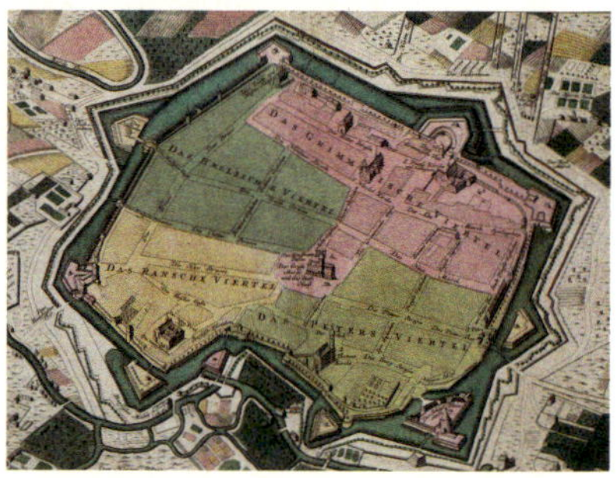

Ein alter Stadtplan von Leipzig aus der Bibliothek

1 Betrachte die Bilder. Beschreibe, was du aus den historischen Quellen erfährst.

2 Sucht eine historische Quelle. Stellt Fragen dazu und forscht nach Antworten.

★ Was bedeutet das Wort „Zeitzeuge“? Lest im Lexikon oder im Internet nach.

Im Frühling

Woher hat der Löwenzahn seinen Namen?
Welche Pflanzen wachsen auf der Wiese?
Welche Tiere leben in der Wiese?

Die Wohnungen in der Wiese

Ober-geschoss: Blüten größerer Pflanzen

Mittel-geschoss: kleine Pflanzen

Erd-geschoss: niedrige Pflanzen

Keller: Wurzeln

Alles hängt miteinander zusammen:
1 Die Pflanzen entnehmen dem Boden Wasser und Nährstoffe. 2 Die Kreuzspinne fängt Insekten. 3 Das Tagpfauenauge ernährt sich vom Nektar der Wiesenblumen. 4 Die Raupen des Tagpfauenauges fressen die Blätter der Brennnessel. 5 Der Regenwurm frisst abgestorbene Wurzeln. 6 Der Igel frisst Regenwürmer und …

AH S.34 S. 2

Bewohner der Wiese

Das Tagpfauenauge ist ein Bewohner der Wiese. Der Tagfalter ist an den vier Augenflecken auf seinen Flügeln gut zu erkennen. Schlägt er die Flügel plötzlich auf, will er seine Feinde täuschen: Zwei große „Augenpaare" schauen sie an. Faltet der Schmetterling die Flügel zusammen, sieht er aus wie ein dürres Blatt, denn die Unterseiten der Flügel sind schwarz. Auf dunklem Untergrund ist er dann kaum zu sehen. So ist er gut getarnt und dadurch geschützt.
Ein Tagpfauenauge verwandelt sich dreimal.

1 Das Weibchen legt Eier auf Brennnesselblättern ab. Sie dienen den geschlüpften Raupen als Nahrung.

2 Nach einigen Tagen schlüpfen die Raupen. Sie fressen und wachsen. Wird ihre Haut zu eng, hauten sie sich.

3 Nach etwa 14 Tagen spinnen sich die Raupen in einen langen Faden ein. Nun nennt man sie Puppen.

4 Zwei Wochen später schlüpft aus der Puppe ein Schmetterling. Er ernährt sich von Blütennektar.

Der Regenwurm wohnt im „Keller" der Wiese. Frisst er sich durch den Boden, entstehen lange Gänge. So wird der Boden aufgelockert und durchlüftet. Das ist gut für die Pflanzen. Der Regenwurm ernährt sich von alten Blättern und abgestorbenen Wurzeln. Sein Kot enthält viele Nährstoffe für Pflanzen. Woher sein Name kommt, ist unklar. Die einen sagen, weil wir bei Regen viele Regenwürmer an der Erdoberfläche sehen. Andere meinen, weil man den Regenwurm in früherer Zeit den „regen Wurm" nannte.

Regenwürmer im Boden

- Schichtet dunkle und helle Erde in ein Glas. Legt Laub- oder Salatblätter obenauf. Gebt einige Regenwürmer hinein. Haltet die Erde etwas feucht.
- Stellt das Glas in einen Karton mit Luftlöchern. So sind die Würmer im Dunkeln – wie im Boden.
- Schreibt eure Beobachtungen auf.
- Bringt die Regenwürmer nach einer Woche wieder ins Freie.

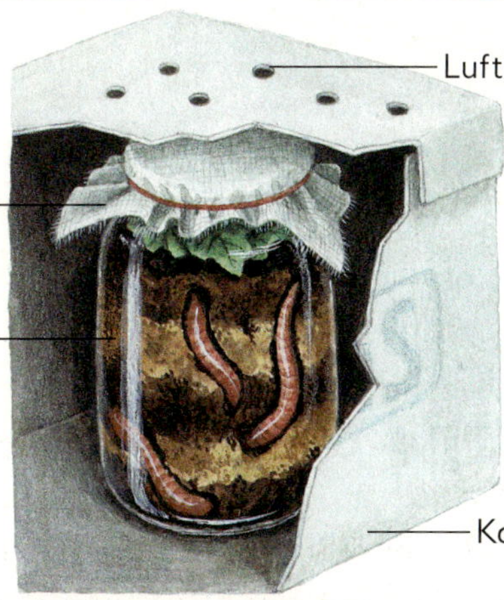

Wiesenpflanzen mit Tiernamen

Der Löwenzahn soll seinen Namen wegen der spitz gezahnten Blätter bekommen haben. Sie erinnern wirklich an die Zähne eines Löwen. Die Pflanze wächst fast überall, sogar zwischen Steinen. Sie lässt Wiesen im Frühling erst gelb und dann weiß leuchten. Während die ersten Früchte mit ihren weißen „Fallschirmen" umherschwirren, treibt die Pflanze schon wieder neue gelbe Blüten.

Der Wiesen-Storchschnabel hat schnabelförmige Früchte, die einem Storchenschnabel ähneln. So bekam er seinen Namen. Während der Blütezeit von Mai bis August sieht man die Pflanze blauviolett auf Wiesen leuchten. Wiesen-Storchschnabel und Löwenzahn werden auch als Heilpflanzen genutzt.

1 Betrachte die Fotos. Beschreibe sie.

2 Erforscht: Woher hat das Gänseblümchen seinen Namen?

3 Sucht auf der Wiese verschiedene Gräser und bunte Blütenpflanzen. Gestaltet eine Ausstellung.

★ Die Farbspiele einer Wiese könnt ihr auf Fotos festhalten.

Wiesenpflanzen unterscheiden, deren Namen benennen; Artenkenntnisse erweitern; Pflanzen sammeln, ausstellen

S. 5

Wiesenpflanzen betrachten und zeichnen

Löwenzahn

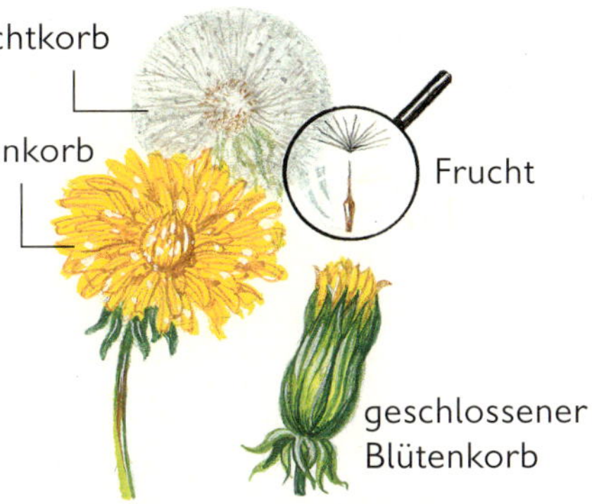

Schon zeitig im Frühjahr blüht der erste Löwenzahn. In dem großen Blütenkorb hat er viele kleine gelbe Zungenblüten.

Der Blütenkorb wird zur „Pustekugel“. Die Flugkörper der Samen sehen aus wie kleine Fallschirme. Ein Windhauch trägt sie fort.

Wiesenpflanzen zeichnen

Betrachte die Pflanze:
- Wie ist sie gewachsen – länglich, buschig …?
- Wie sehen die Teile aus?
  Der Stängel: verzweigt, nicht verzweigt …?
  Die Blattform: länglich, rund, eiförmig …?
  Der Blattrand: gesägt …?
  Die Blüte: eine, mehrere …?

Wiesen-Storchschnabel

Ab Mai blüht die lichthungrige Pflanze. Verdunkelt sich der Himmel, schließen sich die Blüten und schützen so Nektar und Blütenstaub vor Regen.

Im „Storchschnabel“ bildet sich die Frucht. Werden die reifen Früchte nur leicht berührt, springen sie auf und schleudern ihre Samen heraus.

Mäuse-Gerste

Rispengras

Rotklee

Spitzwegerich

Mit dem Bestimmungsbuch arbeiten – ein Herbar anlegen

Wie du mit einem Bestimmungsbuch arbeiten kannst, ist darin beschrieben. Du kannst unterschiedlich vorgehen:

Du siehst eine blühende Pflanze und vermutest, es ist ein Gänseblümchen.

- Suche im Wörterverzeichnis den Namen. Sieh auf der angegebenen Seite nach. Stimmt deine Vermutung?

Du siehst auf der Wiese eine blühende Pflanze, die dir unbekannt ist.

- Wähle ein Bestimmungsbuch, das die Pflanzen nach Lebensräumen ordnet.
- Schlage den Abschnitt „Wiese" auf.
- Vergleiche die abgebildete Pflanze genau mit der, die du gerade siehst.
- Hast du sie gefunden, lies dazu die Beschreibung.
- Merke dir den Namen.

In diesem Bestimmungsbuch sind Pflanzen nach ihrem Lebensraum geordnet.

Du kannst Pflanzen sammeln und herbarisieren. So kannst du vorgehen:

Sammeln

Auflegen und pressen

Aufkleben

Beschriften

Der Natur auf der Spur

Wohin verschwindet das Wasser aus der Pfütze?
Wie kommt Wasser in der Natur vor?
Warum schwimmt der Eisberg?

Wasser überall

Wasser in der Natur kann fest, flüssig oder gasförmig sein.
Das nennt man Zustandsformen des Wassers.

1 Betrachte das Bild. Beschreibe die einzelnen Wasserbilder.
Verwende auch diese Wörter.

Welle, tragen, fließen, strömen, rinnen, Tropfen, reinigen, abschleifen, beschlagen, Eis, spritzen, auflösen, flüssig, trinken, Regen, fest, Tomate, Brunnen, Flut, rauschen, Haut

Wasser verwandelt sich

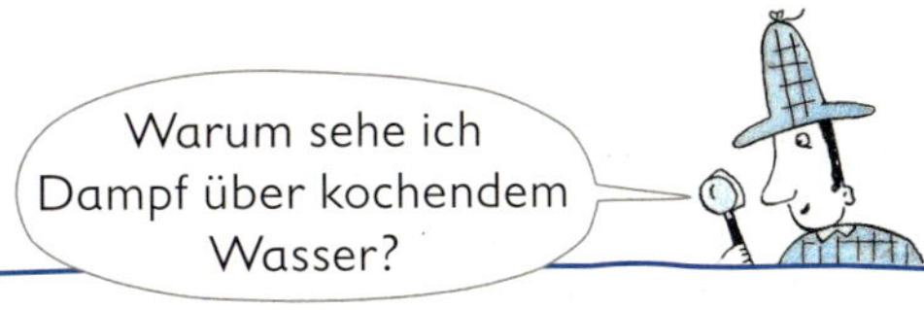

Wasser verwandelt sich

Ihr braucht:
- Eiswürfel, Brenner, Glasplatte, Becherglas, Ständer

Geht so vor:
- Orientiert euch an den Bildern.
- Schreibt ein Versuchsprotokoll.

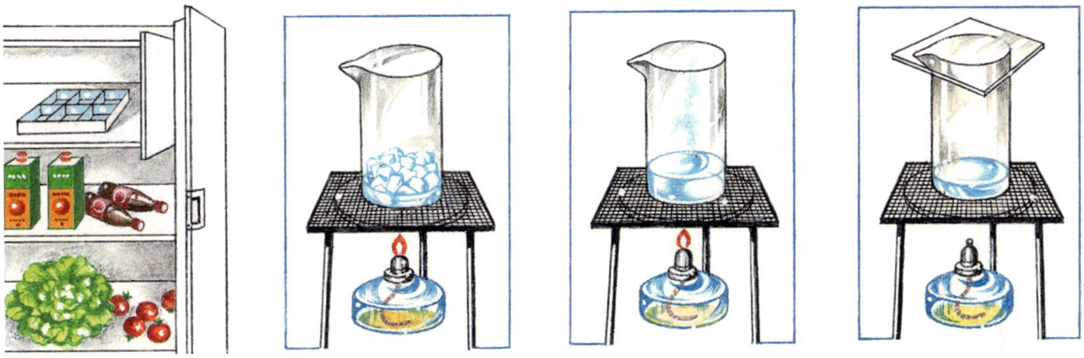

A Stellt Eiskugeln oder Eiswürfel her.

B Erhitzt das Becherglas.

C Erhitzt das Becherglas weiter.

D Legt die Glasplatte auf das Becherglas.

Im Versuch wechselt das Wasser mehrmals seine Zustandsformen:

A Unter 0 °C erstarrt Wasser zu Eiskristallen, es wird fest.

B Über 0 °C schmilzt Wasser wieder, es wird flüssig.

C Bei 100 °C siedet Wasser und verdampft. Es wird gasförmig und schwebt als unsichtbarer Wasserdampf in der Luft.

D Kühlt der gasförmige Wasserdampf ab, bilden sich an der Glasplatte Tröpfchen. Aus Wasserdampf wird wieder flüssiges Wasser. Der Vorgang heißt: Kondensieren.

Versuchsprotokoll

- Findet eine Überschrift.
- Schreibt eine Vermutung zum Ergebnis auf.
- Notiert das Material.
- Skizziert den Versuchsaufbau.
- Führt den Versuch durch. Notiert eure Beobachtungen.
- Wertet das Ergebnis aus.

1 Formuliere mit Hilfe der Übersicht, was euer Versuch gezeigt hat.

Der Kreislauf des Wassers

Niederschlag erzeugen

- eine Pflanze längere Zeit unter Glas lassen
- beobachten

Eine Quelle fließen lassen

- Plastikflasche mit der Schere zuschneiden
- mit Lehm, Kies, Sand und Gartenerde füllen
- in eine Schale stellen
- Wasser hineingießen
- beobachten

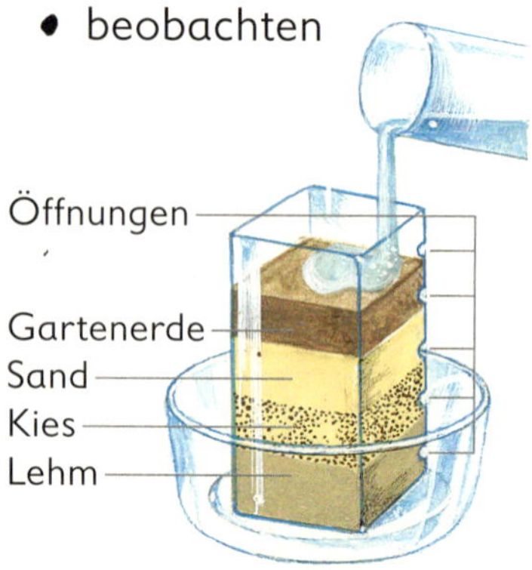

Am Schaubild arbeiten

- Betrachte das Bild.
- Beginne an einer Stelle zu lesen.
- Folge den Pfeilen und lies weiter.
- Beschreibe den Kreislauf. Nutze dabei die Erklärungen.

Wissen über die Zustandsformen des Wassers auf den Wasserkreislauf in der Natur übertragen

AH S. 40, 41

S. 2

Wasser verdunsten lassen

- je eine halbe Tasse Wasser in 2 Teller gießen
- nach 2 Tagen nachsehen

Erklär mal was

- ein Flasche halb voll mit Wasser füllen und 2 Stunden im Kühlschrank kühlen
- die Flasche auf den Tisch stellen, nach 15 Minuten anheben

Ist die Flasche undicht?
Schreibe deine Erklärung auf.

Schaubild zum Wasserkreislauf auswerten

AH S.40, 41

S.2

Schwimmen und sinken – wir experimentieren

Manche Gegenstände schwimmen im Wasser, andere sinken.
Warum ist das so? Vermutet und experimentiert dazu:

1 Ein Gedankenexperiment:
In einem Glasbecken befinden sich drei feste, gleichgroße Kugeln: eine Kugel aus Stahl, eine aus Edelholz, eine Kugel aus Styropor.

- Vermute: Aus welchem Material sind die Kugeln A, B und C?
- Wie bist du auf dein Ergebnis gekommen?

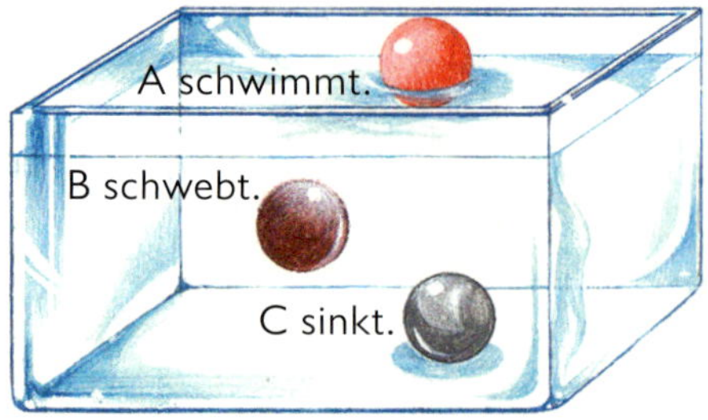

Gegenstände schwimmen und sinken

Ihr braucht:

Geht so vor:

Welche Gegenstände schwimmen? Welche Gegenstände sinken?

Gegenstand	Material	Vermutung		Ergebnis im Versuch	
		schwimmt	sinkt	schwimmt	sinkt
Münze	Metall		X		
Korken					
Würfel					
Nadel					

 Zur Schwimmfähigkeit verschiedener Materialien experimentieren; Zusammenhänge erkennen

AH S.42

Schwimmende Knetmasse

Ihr braucht:

Geht so vor:
- Formt aus Knete Figuren und setzt sie ins Wasser. Was stellt ihr fest?
- Versucht eure Ergebnisse zu erklären.

- Schreibt eure Ergebnisse auf. Ihr könnt dazu selbst eine Tabelle entwerfen.

Eine schwimmende Kartoffel

Ihr braucht:
eine Kartoffel,
ein Weckglas,
Wasser,
einen Rührlöffel,
ein Paket Salz

Geht so vor:
- Lasst eine Kartoffel ins Wasser fallen.
- Schüttet Salz ins Wasser, sodass auf dem Boden etwa 3 cm hoch Salz liegt.
- Rührt kräftig um, damit sich das Salz im Wasser löst.
- Rührt noch mehr Salz ein.
- Schreibt ein Versuchsprotokoll.

- Erklärung: Die Kartoffel taucht ins Wasser ein und verdrängt dabei Wasser. Wenn die Kartoffel mehr wiegt als das Wasser, das sie verdrängt, geht sie unter. Wenn aber im Wasser viel Salz gelöst ist, wird das Wasser schwerer. Dann schwebt oder schwimmt die Kartoffel im Wasser.

2 Warum schwimmt ein Eisberg?
Ihr könnt eine Antwort im Internet suchen.
Wählt eine Kindersuchmaschine.

Wasser trägt. Der größte Teil des Eisberges schwimmt unter Wasser.

Experimentieren und protokollieren

1 Führe das Experiment durch. Schreibe dazu ein Protokoll.
Notiere:
Frage *Vermutung* *Material* *Durchführung* *Ergebnis* *Erklärung*

Was will ich wissen?	Schwimmt eine Büroklammer auf dem Wasser?
Welches Ergebnis vermute ich?	Ich notiere zu meiner Frage die Antwort, die ich erwarte.
Was brauche ich?	Ich brauche: 1 Stück Löschblatt 1 Büroklammer 1 Schale mit Wasser Spülmittel Für das Protokoll: Schreibpapier, Stift 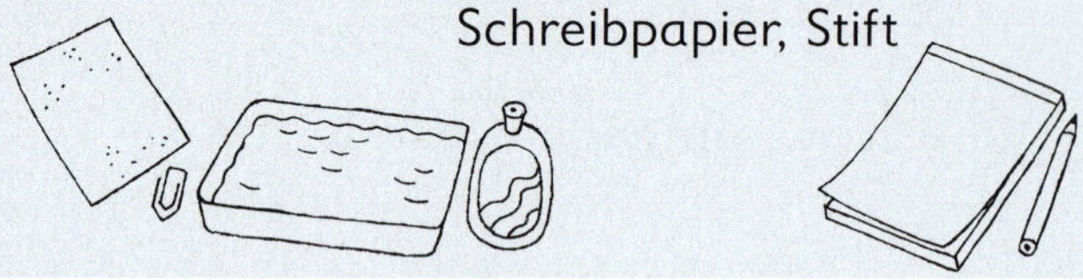
Wie mache ich es?	So gehe ich vor: A • die Schale mit Wasser füllen • die Büroklammer auf ein Stück Löschblatt legen • Löschblatt und Büroklammer vorsichtig auf die Wasseroberfläche legen B • einen Tropfen Spülmittel ins Wasser geben • alles genau beobachten und notieren 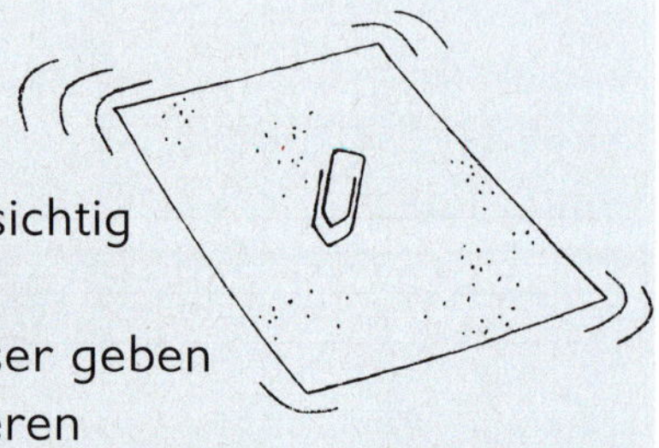
Was habe ich herausgefunden?	A • Das Löschblatt … • Die Büroklammer … B • Wenn ich Spülmittel ins Wasser gebe …
Wie ist das zu erklären?	Das Wasser hält an der Oberfläche …

Die Erklärung auf eine andere Beobachtung übertragen:
Der Wasserläufer geht nicht unter.
Die Wasserteilchen halten an der Wasseroberfläche so fest zusammen, dass sie eine Art Haut bilden.
Man nennt das die Oberflächenspannung des Wassers. Sie trägt den Wasserläufer.
So kann der Wasserläufer über das Wasser laufen und dort kleine Mücken oder Fliegen fangen.

Nach einer Schrittfolge experimentieren, ein Protokoll anfertigen; Erkenntnisse auf ein Naturphänomen übertragen

Wusstest du schon …

… wie du Pflanzen vermehren kannst?
… welche Pflanzen schon seit Jahrtausenden genutzt werden?
… wovon Steine „erzählen“ können?

Wie vermehren sich Pflanzen?

Viele Pflanzen vermehren sich durch Samen.

Projektschritte
1. Fragen zum Thema sammeln
2. Einen Arbeitsplan machen
3. Material sammeln
4. Aufgaben in Gruppen bearbeiten und kontrollieren
5. Ergebnisse präsentieren und auswerten

Gruppe 1
Wie verschiedene Samen aussehen

Gruppe 2
Wo sich Samen befinden

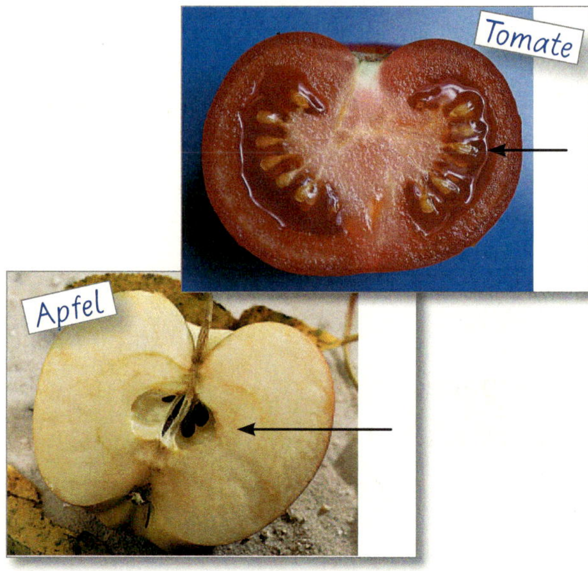

Gruppe 3
Wie sich Samenpflanzen durch Samen verbreiten

Der Wind verbreitet Samen.

Löwenzahn: Samen fliegen an Fallschirmen.

Linde: Samen fliegen an Propellern.

Klatschmohn: Samen streuen aus Kapseln.

Auch Tiere verbreiten Samen. Aber wie?

Kletten haften am Fell des Fuchses.

Eichhörnchen verstecken Haselnüsse.

Amseln fressen Beeren und scheiden die Samen aus.

Gruppe 4
Pflanzen brauchen Zeit bis zur Samenreife.

Die Sonnenblume ist eine einjährige Pflanze.

Frühling | Sommer | Herbst | Winter

Die Mohrrübe ist eine zweijährige Pflanze.

1. Jahr

Frühling | Sommer | Herbst | Winter

2. Jahr

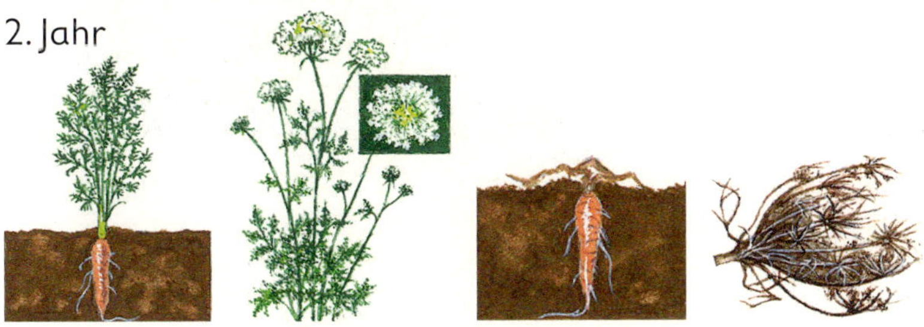

Frühling | Sommer | Herbst | Winter

Einjährige Pflanzen
entwickeln sich innerhalb eines Jahres. Wir säen sie im Frühling aus. Sie blühen von Sommer bis Herbst, bilden neue Samen und sterben dann ab. Sie überdauern den Winter als Samenkörner.

Zweijährige Pflanzen
brauchen vom Keimen der Samen bis zum Ausbilden neuer Samen an der ausgewachsenen Pflanze zwei Jahre.

Mehrjährige Pflanzen
Dazu gehören alle Pflanzen, die mehrere Jahre wachsen und blühen können. Einige benötigen im Winter Schutz.

Gruppe 5
Garten- und Zimmerpflanzen kann man auch so vermehren:

Erdbeere: Ausläufer einpflanzen

Grünlilie: Ableger einpflanzen

Buntnessel: Blatt in Wasser bewurzeln lassen, dann einpflanzen

Bogenhanf: Die Pflanze mit einem Messer teilen, einpflanzen

Korkenzieher-Weide: Zweig in Wasser bewurzeln lassen, dann einpflanzen

1 Erarbeitet in Gruppen weitere Beispiele zur Pflanzenvermehrung.
Probiert aus: Samen aussäen Ableger einpflanzen Blattstecklinge einsetzen

Jahrtausendpflanzen

Das sind alte Nahrungsmittelpflanzen:

Hartweizen

Gerste

Rispenhirse

Flachs

Zwiebel

Linse

Projektschritte
1. Fragen zum Thema sammeln
2. Einen Arbeitsplan machen
3. Material sammeln
4. Aufgaben in Gruppen bearbeiten und kontrollieren
5. Ergebnisse präsentieren und auswerten

Jahrtausendpflanzen nennt der Volksmund Pflanzen, die Menschen seit Jahrtausenden nutzen oder an denen sie sich erfreuen. Bei Ausgrabungen entdeckten Wissenschaftler verkohlte Samen von Pflanzen. So fanden sie heraus, welche Pflanzen schon vor langer Zeit angebaut wurden. Auch die bis zu 2000 Jahre alten heiligen Schriften der Bibel benennen Pflanzen. Die Menschen verwendeten sie schon damals als Nahrung, als Heil- und Gewürzmittel, Genussmittel, als Werkstoff oder Futtermittel für ihre Tiere. Auch Zierpflanzen wurden angepflanzt, um damit Bauwerke, Gärten und Wohnräume zu schmücken. Viele Jahrtausendpflanzen werden bis heute angebaut.

Dieses Modell zeigt, wie vor 4000 Jahren in Ägypten Korn gespeichert wurde.

Diese alten Heil- und Gewürzkräuter werden noch heute in Sachsen angebaut:

Kreuzkümmel

Echter Salbei

Dill

S. 4

1 Lest die Ideen der Gruppen. Entwickelt Arbeitspläne für euer Projekt.

Gruppe 1
Wir erforschen Jahrtausendpflanzen als Werkstoffe früher und heute

Flachs

Weide

Eiche

früher:

Handtuch

Korb

Schrank

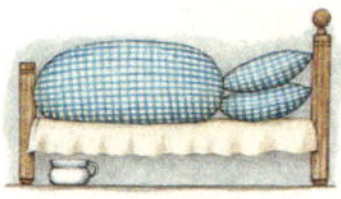
Bettwäsche

Kiepe

Brücke

Malerleinwand

Korbstuhl

Holzfass

heute: ?

Gruppe 2
Wir erforschen die Jahrtausendpflanze Erbse.
Wir kochen Erbseneintopf. Unser Arbeitsplan: ?

Gruppe 3
Jahrtausendpflanzen auf dem Fensterbrett

Gruppe 4
Wir schreiben Steckbriefe zu Jahrtausendpflanzen. Dazu lesen wir in Sachbüchern, im Internet und sammeln Bilder. Wir heften die Steckbriefe ab.

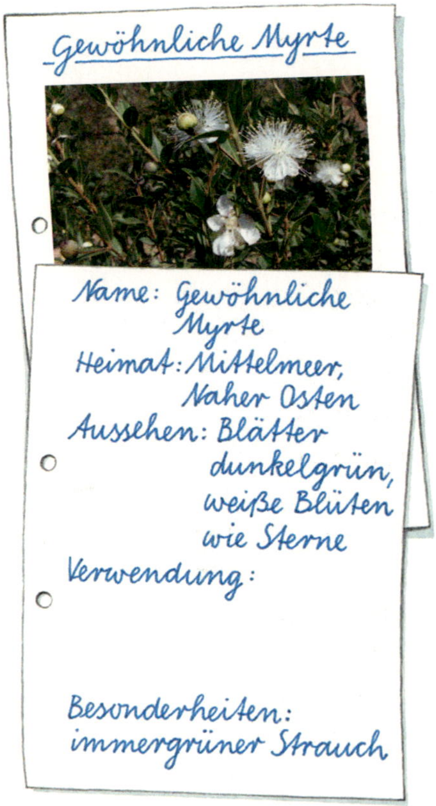

Steinerne Zeugen erforschen

Felsen im Elbsandsteingebirge

Findling

Fossiler Pflanzenabdruck

Wer Natursteine erforscht, erfährt Interessantes.

Die Felsen des Elbsandsteingebirges entstanden aus abgelagertem Sand, der versteinerte.

In Sachsen gab es reichlich Sandstein, der sehr stabil war. Deshalb baute man daraus Kirchen und Schlösser. Auch der Dresdner Zwinger und die wiedererbaute Frauenkirche sind aus Sandstein. Dieser kommt aus den Postaer Steinbrüchen in der Nähe von Dresden.

Die Frauenkirche in Dresden

Findlinge schmücken heute so manchen Park. Die großen Gesteinsbrocken wurden in der Eiszeit von riesigen Gletschern aus dem Norden bis nach Sachsen getragen.

Im Naturkundemuseum in Chemnitz sind fossile Abdrücke zu sehen. Die Fossilien sind Reste oder Spuren von Pflanzen oder Tieren, die in der Erdkruste versteinerten. Heute geben sie uns Auskunft über vergangenes Leben.

1 Erkundet steinerne Zeugen in eurer Umgebung. Wählt ein Objekt aus, das ihr erforschen wollt.

2 Gestaltet zu eurem Objekt eine Ausstellung.

So könnt ihr euer Objekt erforschen:
- Das Objekt fotografieren
- Das Objekt genau betrachten, beschreiben und eine Skizze anfertigen

- Ein Modell bauen

- Informationen in Medien suchen, Experten befragen und alle Ergebnisse am Computer aufschreiben

Die Göltzschtalbrücke steht bei Mylau. Sie ist 574m lang, 78m hoch und über 150 Jahre alt. Wir haben 4 Etagen und 81 Bögen gezählt. Die Brücke besteht aus 28 Millionen Ziegeln. Die Ziegel sind aus Tonerde (Ton und Sand) gebrannt. Dadurch werden sie sehr fest. Man nennt sie Backsteine.

Die Brücke wurde in 5 Jahren für die Eisenbahn von Leipzig nach Hof in Bayern gebaut. Die Pläne waren von Andreas Schubert, dem Erbauer der ersten deutschen Lokomotive – der „Saxonia“.

Ein Plakat bewerten

Plakate sind „Sichtmedien“. Ein kurzer Blick, du findest ein Plakat toll oder interessant und willst mehr wissen. Plakate informieren schnell – über eine Veranstaltung, eine Ausstellung, ein bestimmtes Produkt …

1 Suche in deinem Heimatort Plakate. Betrachte sie genau. Worüber informieren sie dich? Schreibe zu jedem Plakat einen Zettel. Notiere die Überschrift des Plakates und was dir daran gefällt.

2 Befestigt eure Plakat-Zettel an einer Pinnwand.

3 Sortiert eure Zettel. Legt zu den Plakaten eine Übersicht an. So könnte sie aussehen:

Plakate				
Was wir bewerten	Wie wir mit Punkten bewerten			
	sehr gut: 6	gut: 4	mittel: 2	schlecht: 0
Überschrift				
Lesbarkeit der Schrift				
Bilder				
Informationen durch Texte und Bilder				
Gesamteindruck				

Ein Plakat als Medium bewerten, damit Kriterien zur Gestaltung eines Plakates erarbeiten

Von Pflanzen, Tieren und Menschen

Warum bauen wir Pflanzen an?
Warum pflegen wir Tiere?
Warum schützen wir
wild lebende Pflanzen und Tiere?

Alles hängt zusammen – aber wie?

Wiesenpflanzen 1 und Kartoffelpflanzen 2 brauchen zum Leben Sonne, Wasser, Luft und Boden. Kühe 3 fressen Wiesenpflanzen und trinken Wasser. Ihre Milch wird in Molkereien 4 verarbeitet. Menschen trinken Milch und essen Milchprodukte. Kartoffeln 5 werden angebaut, im Herbst geerntet und eingelagert. Ein Teil wird in Betrieben 6 verarbeitet, ein Teil dient als Schweinefutter 7. Die Menschen essen Kartoffeln, aber auch Fleisch.

AH S. 46, 47
S. 2

Pflanzen und das Fleisch von Tieren werden in Betrieben [8] zu weiteren Lebensmitteln verarbeitet. Die Menschen kaufen Lebensmittel aus Pflanzen und Tieren in Märkten [9] und essen sie [10]. Sie trinken auch Wasser.

1 Betrachtet das Bild. Findet weitere Zusammenhänge. Sprecht darüber.

2 Schreibt Zusammenhänge auf und begründet eure Aussagen.

Pflanzen und Tiere auf der Roten Liste

Diese Tiere und Pflanzen stehen in Sachsen neben vielen anderen auf der Roten Liste. Die Zahl hinter dem Namen sagt aus, wie stark die Art gefährdet ist.

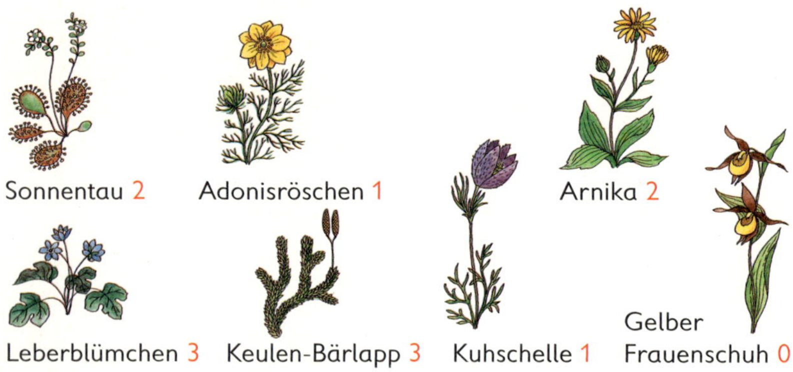

Rote Liste gefährdeter Arten
Seit 1966 veröffentlicht die Weltnaturschutzunion (IUCN) Listen von Tier- und Pflanzenarten, die weltweit vom Aussterben bedroht sind. Auch der Freistaat Sachsen gibt solche Listen heraus und bringt sie ständig auf den neuesten Stand.

Für Pflanzen und Tiere auf der Roten Liste gibt es 5 Gefährdungsstufen:
0: ausgestorben oder verschollen
1: vom Aussterben bedroht
2: stark gefährdet
3: gefährdet
4: extrem selten, daher möglicherweise gefährdet.

Warum ist der Feldhamster selten geworden?

- Moderne Erntemaschinen lassen kaum Körner auf dem Feld. Dem Hamster fehlt Nahrung.
- Die Bewässerung der Felder setzt die Baue der Hamster unter Wasser.
- Sind die großen Ackerflächen frei geräumt, finden die Hamster kaum noch Schutz vor Feinden.

Kornrade

1 Informiert euch,
- wie der Feldhamster geschützt werden kann.
- warum man in Getreidefeldern keine Kornrade mehr sieht.

2 Wie halten Biobauern Unkraut von ihren Feldern fern?

Wir schützen Pflanzen und Tiere

Warum müssen wir die Vielfalt der Pflanzen- und Tierwelt erhalten?
Auf der Erde sind etwa 1,7 Millionen Tierarten und 300 000 Pflanzenarten bekannt. Immer wieder entdecken Wissenschaftler neue Arten. Jedes Jahr sterben aber etwa 150 Arten aus, darunter auch Pflanzen, ohne die einige Tiere keine Nahrung mehr finden. Doch nur die Vielfalt der Pflanzen und Tiere erhält das Leben auf der Erde.

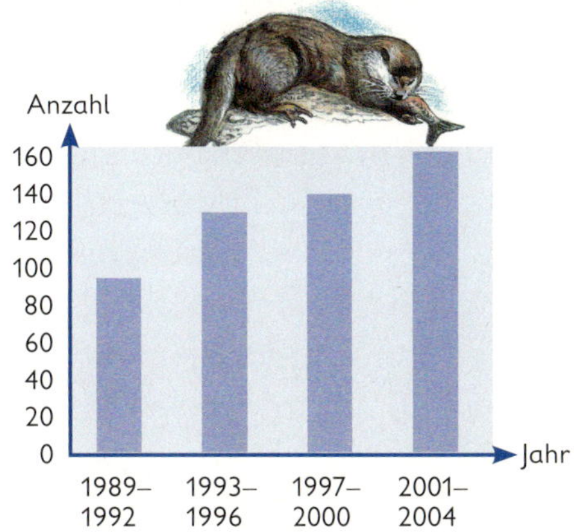

So viele Fischotter starben in Sachsen durch den Straßenverkehr.

Wie kann die Artenvielfalt erhalten werden?

Neben Industriewerken können Wildblumenwiesen wachsen.

Grünbrücken über Autobahnen helfen Menschen und Tieren.

Randstreifen an Feldern erhalten Wildkräuter und Tiere.

So können wir Arten im Schulgarten erhalten

Wildhecke
Blüten, Blätter und Holz sind Nahrung für Insekten. Spinnen, Vögel oder Fledermäuse jagen dort Insekten. Im Geäst brüten Vögel. Ihnen dienen die Früchte als Winterfutter. Im dichten Gebüsch suchen Laufkäfer, Blindschleichen und Igel Nahrung und Unterschlupf.

Meisennistkasten
Meisen sind Höhlenbrüter. Die Kästen werden bis Mitte März aufgehängt und im Herbst gereinigt.

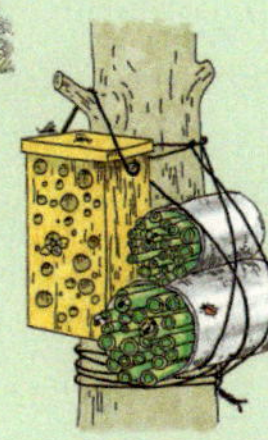

Bienenhotel
In den Löchern finden Wildbienen Unterschlupf.

Lesesteinhaufen
Er bietet Laufkäfern, Spinnen, Schnecken, Eidechsen und anderen kleinen Tieren Unterschlupf.

Reisighaufen
Seine Zweige, Äste und das darüberliegende Laub sind das beste Winterquartier für Igel.

Blumenwiese
Sie lockt Schmetterlinge, Fliegen, Wildbienen und Hummeln an. Viele Vögel verstecken sich im hohen Gras.

1 Beratet: Was könnt ihr tun, um Tier- und Pflanzenarten zu erhalten?

Einen Vortrag vorbereiten

Eine Mindmap (sprich: meindmäp) hilft dir, einen Vortrag vorzubereiten. Du kannst darin deine Gedanken und Ideen sammeln.
So kannst du sie aufbauen:

1 Stelle ein Thema in die Mitte.
2 Zeichne von dort Hauptäste ab.
Schreibe darauf wichtige Arbeitsschritte.
3 Verzweige die Hauptäste.
Auf die Zweige schreibst du Ideen zu den Arbeitsschritten.
4 Kleine Bildchen an den Zweigen dienen als Merkhilfe.

1 Lies die Mindmap im Uhrzeigersinn.
Besprich die Angaben mit einer Partnerin/einem Partner.

2 Bereitet nach den Ideen der Mindmap gemeinsam einen Vortrag vor.

Die Mindmap als Vortragsleitlinie zum Erschließen und Darstellen von Sachverhalten nutzen

S. 12, S. 13

Im Sommer

Wie wird aus Getreidekörnern Brot?
Wie kann man Getreidearten unterscheiden?
Warum sind Nahrungsmittel kostbar?

Jedes Jahr im Sommer

Frühsommer

Frühsommer

Im Sommer kannst du beobachten, wie sich die Natur verändert. Welche Pflanzen siehst du jetzt häufig? Wie verhalten sich die Tiere?
An Straßen und in Parks umschwärmen Bienen die nektarhaltigen Blüten der Sommerlinden. Bald wird der Imker den Lindenblütenhonig schleudern.
Zwischen Mai und Juni entfaltet der Schwarze Holunder am Waldrand viele zarte weiße Einzelblüten. Sie stehen am Strauch eng aneinander wie kleine Schirmchen. Ihr frischer, fruchtiger Duft lockt Fliegen, Hummeln und Bienen an.
Im Frühsommer blüht auf den Feldern der Winterroggen. An den Rändern der Roggenfelder siehst du oft die blauen Kornblumen blühen.
Im Hochsommer, von Juli bis August, fallen an Wegrändern die himmelblauen Zungenblüten der Wegwarte auf. Ihre Blüten folgen dem Sonnenlauf und schließen sich bereits am Nachmittag.
Im Garten reifen jetzt die Roten Johannisbeeren. Sie schmecken erfrischend süß-sauer.

Frühsommer

Hochsommer

1 Setze dich im Freien an einen stillen, schattigen Platz. Schreibe und zeichne, was du siehst, hörst, fühlst … Notiere auch die Sinne, mit denen du den Sommer wahrnimmst.

2 Betrachte die Bilder. Wähle eine Pflanze aus:
- Informiere dich über sie im Internet.
- Schreibe zu der Pflanze einen Steckbrief.

Hochsommer

Im Spätsommer reifen die Frühäpfel.

Diese Äpfel müssen schnell verarbeitet oder gegessen werden. Auch im Kühlschrank halten sie nur 14 Tage.

Rezept für Apfelsorbet
Aus Kläräpfeln ein dickes Mus kochen, mit Zimt und Zucker abschmecken. Etwa 4 Stunden ins Gefrierfach stellen, ab und zu umrühren.

3 Klebe ein Tierbild auf. Schreibe dazu eine Tier-Sommergeschichte: Was macht … im Sommer?

An lauen Abenden zirpen die Grünen Heupferde. Männchen locken die Weibchen an. Nach der Paarung legen die Weibchen durch ihre lange Legeröhre über hundert Eier im feuchten, lockeren Erdboden ab.

Distelfalter sind immer unterwegs. Um der Kälte zu entkommen, fliegen die Wanderfalter bis ins warme Nordafrika. Dabei lassen sie sich vom Wind tragen. Jedes Jahr im Sommer kehren sie wieder zurück.

Das Getreide ist geerntet. Der Feldhamster findet kaum noch Körner auf dem Feld. Er zieht sich in seinen Bau zurück, wo er einen Nahrungsvorrat angelegt hat. Dieser muss für den ganzen Winter reichen.

S. 8

Im Sommer reift das Korn

Getreide gehört zu den Gräsern.
Auf der Suche nach Essbarem sammelten die Menschen vor langer Zeit auch Körner von wilden Gräsern. In späterer Zeit wählten die Menschen einige Pflanzen aus, säten deren Körner aus und ernteten die Erträge. Aus den umherstreifenden Sammlern wurden Ackerbauern, die an einem Ort blieben.
Sie lernten im Laufe der Zeit, jeweils die größten Körner der kräftigsten Pflanzen für die Aussaat zu nehmen.
So züchteten sie ertragreiche Sorten.
Getreide wurde zur Kulturpflanze.
Heute gehört Getreide weltweit zu den wichtigsten Grundnahrungsmitteln.

So ist eine Weizenpflanze aufgebaut:

Weizenpflanze

Weizen ist eine Getreidepflanze.
Man unterscheidet Sommer- und Winterweizen.
Sommerweizen wird ab Ende März ausgesät und im Juli geerntet.
Winterweizen kommt im Herbst in den Boden.
Erst im nächsten Frühjahr wächst die Pflanze.
Sie bildet Blätter und eine Ähre mit Ährchen und Blüten aus. Nach dem Befruchten der Blüten entwickeln sich die Körner.
Winterweizen wird von Anfang Juli bis Mitte August geerntet. Er ist die wichtigste Getreideart und das wichtigste Brotgetreide in Deutschland.

Teile der Getreidepflanze beschreiben; Anbau von Getreide als Grundnahrungsmittel erkunden

AH S.48

Neben Weizen werden bei uns auch andere Getreidearten angebaut, zum Beispiel Roggen, Gerste, Hafer und Mais.

Weizen Roggen Gerste Hafer Mais

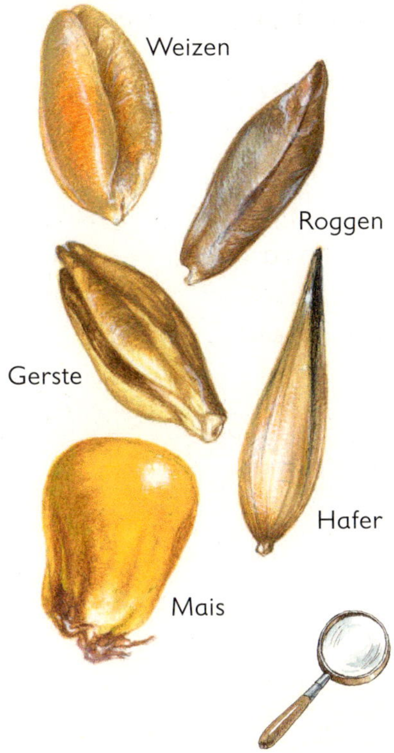

Diese Getreidearten unterscheidet man nach:

- dem Bau ihres Fruchtstandes

Weizen Ähre	Roggen Ähre	Gerste Ähre	Hafer Rispe	Mais Kolben

2 Beschreibe und vergleiche die Getreidekörner.

- dem Vorhandensein oder der Länge der Grannen

Die Grannen der Gerste sind etwa 15 Zentimeter lang.

1 Zeichne eine Getreidepflanze. Benenne sie und beschrifte ihre Teile.

Getreide vergleichen

- Betrachte Getreidearten in der Natur.
- Finde Merkmale:
  - die alle Arten haben,
  - die Arten unterscheiden.
- Notiere Gemeinsamkeiten und Unterschiede.

Getreide – ein wichtiges Nahrungsmittel

Ernte: Getreide mähen, dreschen, lagern

Moderne, leistungsstarke Mähdrescher arbeiten computergesteuert. In der Kabine kontrolliert ein Landwirt alle Arbeiten. Das Schneidwerk mäht das Getreide ab. Sich schnell drehende Dreschtrommeln trennen die Körner von den Halmen. Ein Schüttler lockert das Stroh, so fallen die restlichen Körner heraus. Das Korn wird gesäubert, über den Korntank auf ein Fahrzeug befördert und sofort zum Trocknen in Silos gefahren.

Getreidemühle: Korn zu Mehl mahlen

Bevor das Getreide in die Mühle gelangt, werden letztes Stroh, Steine und Unkrautsamen entfernt.
Moderne, mit Elektromotoren angetriebene Getreidemühlen mahlen dann die Körner zu Mehl.
Automaten füllen das Mehl in Säcke.
Es gibt fast keine körperliche Arbeit und kaum Staub.

Bäckerei: Aus Mehl Brot backen

Auch in der Bäckerei führen Maschinen die meisten Arbeiten aus. Sie füllen die Zutaten ein, mischen sie und kneten den Teig. In modernen Backöfen, die man mit Gas oder elektrisch beheizt, werden dann das Brot und andere Erzeugnisse aus Mehl gebacken.

1 Beschreibe, wie Korn zu Brot verarbeitet wird. Notiere dir Stichpunkte.

Verarbeitung von Getreide kennen lernen; den Weg vom Korn zum Brot beschreiben

AH S.48

Grundnahrungsmittel

1 Woher kommen diese Kinder? Was essen sie oft?

2 Informiert euch über die Speisen im Internet und legt eine Tabelle an:

Name der Speise	Herkunft (Land)	Die Speise besteht vor allem aus ...

3 Befragt euch gegenseitig, was ihr häufig esst. Schreibt es auch in die Tabelle. Ergänzt auch das Grundnahrungsmittel, das die Speise enthält.

Einige Nahrungsmittel werden in aller Welt besonders häufig gegessen. Man nennt sie Grundnahrungsmittel. Sie enthalten wichtige Aufbaustoffe für unseren Körper, wie Kohlenhydrate, Eiweiße und Fette.
Viele Kinder auf der Welt essen so viel wie und was sie wollen. Manche essen zu viel, sie nehmen an Gewicht zu. Das schadet oft der Gesundheit. Andere Kinder haben nicht genug zu essen. Hunger zu haben ist unangenehm, der Magen knurrt, manchem wird übel. Hungert ein Mensch längere Zeit, fehlen dem Körper Nährstoffe und Energie. Muskeln und Fettgewebe werden schwach, das Blut fließt langsamer, die Körpertemperatur sinkt. Auf der Welt stirbt alle 6 Sekunden ein Kind an Hunger.

4 Begründe, warum Nahrungsmittel ein kostbares Gut sind. Sprecht darüber, wie man mit Nahrungsmitteln umgehen sollte.

★ Kartoffeln und Reis sind Grundnahrungsmittel. Wählt eines aus und gestaltet dafür ein internationales Rezeptbuch.

Ein Beobachtungsheft anfertigen

Um Interessantes in Texten und Bildern festzuhalten, kannst du ein kleines Beobachtungsheft führen.

Du brauchst dafür ein DIN-A3-Blatt und eine Schere.
So kannst du es herstellen:

Das Blatt mittig längs falten, den Falz mit dem Fingernagel nachziehen

Das Blatt an der kurzen Mittellinie falten, den Falz wieder nachziehen

Das Blatt in der Mitte noch einmal falten, den Falz verstärken

Das Blatt auseinanderfalten

Das Blatt an der kurzen Mittellinie zusammenlegen

Das Blatt mittig bis zum nächsten Falz einschneiden

Das Blatt wieder längs falten, von beiden Seiten nach innen schieben

Die Blätter nochmals falzen
Das Heftchen ist fertig.

1 Dokumentiere deine Beobachtungen über einen längeren Zeitraum.
Schreibe Texte, male Bilder, klebe Fotos ein …

Wir experimentieren

Kluge Gedanken

> Dumme Fragen gibt es nicht, dumm ist nur, wer nicht fragt.
>
> Volksweisheit

> Wichtig ist, dass man nie aufhört zu fragen.
>
> Albert Einstein

> Klug fragen können ist die halbe Weisheit.
>
> Francis Bacon

Und wenn ihr nicht nur fragt, sondern auch untersucht und experimentiert, dann findet ihr vielleicht selbst Antworten auf eure Fragen.

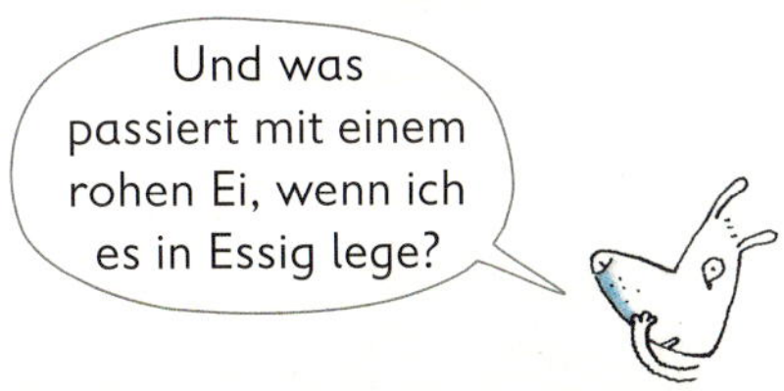

1 Schreibt zu den Fragen der Kinder auf, was ihr als Antwort vermutet. Versucht eine Erklärung zu finden.

2 Was möchtet ihr durch ein Experiment herausfinden? Bildet ein Forscherteam und bereitet einige Experimente dazu vor. Präsentiert die Experimente und eure Ergebnisse vor der Klasse.

- Was will ich wissen?
- Was vermute ich als Antwort?
- Was brauche ich für das Experiment?
- Wie führe ich das Experiment durch?
- Was beobachte ich?
- Was habe ich herausgefunden?
- Was weiß ich jetzt?

Wir üben: Mit Bildern umgehen

Bildern kannst du viele Informationen entnehmen. Manchmal werden sie auch mit wenigen Wörtern erklärt.
Sie helfen dir, dein Wissen zu vertiefen.

Bilder könnt ihr
- betrachten und beschreiben.
- mit der Lupe ansehen.
- zum Teil verdecken und den sichtbaren Teil beschreiben.
- mit farbigen Puzzleteilen abdecken, diese nacheinander entfernen und den Bildausschnitt beschreiben.
- zu einer Bildbeschreibung malen.
- teilweise oder ganz nachzeichnen.
- betrachten, dazu eigene Bilder malen.
- mit passenden anderen Bildern zu einer Collage verarbeiten.
- mit einer Überschrift versehen …

Miteinander reden

So spielten Kinder früher miteinander.

Bilder lesen: Das Auge

Teile des Auges: Augenbraue Wimper Lid Augapfel Pupille Iris

Das sind ihre Aufgaben:

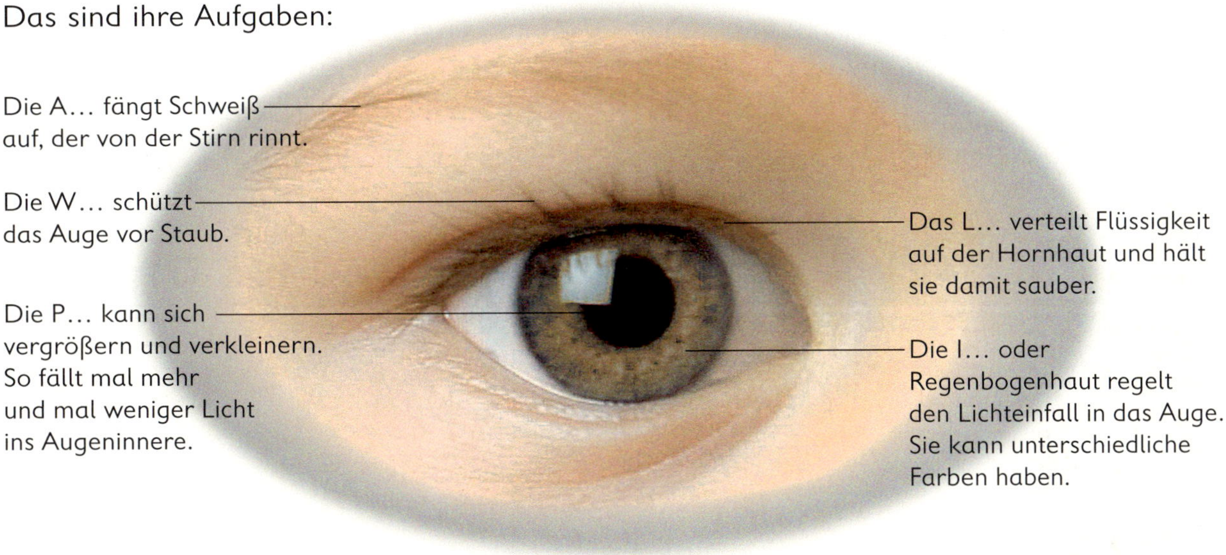

Unsere Augen brauchen Hilfen

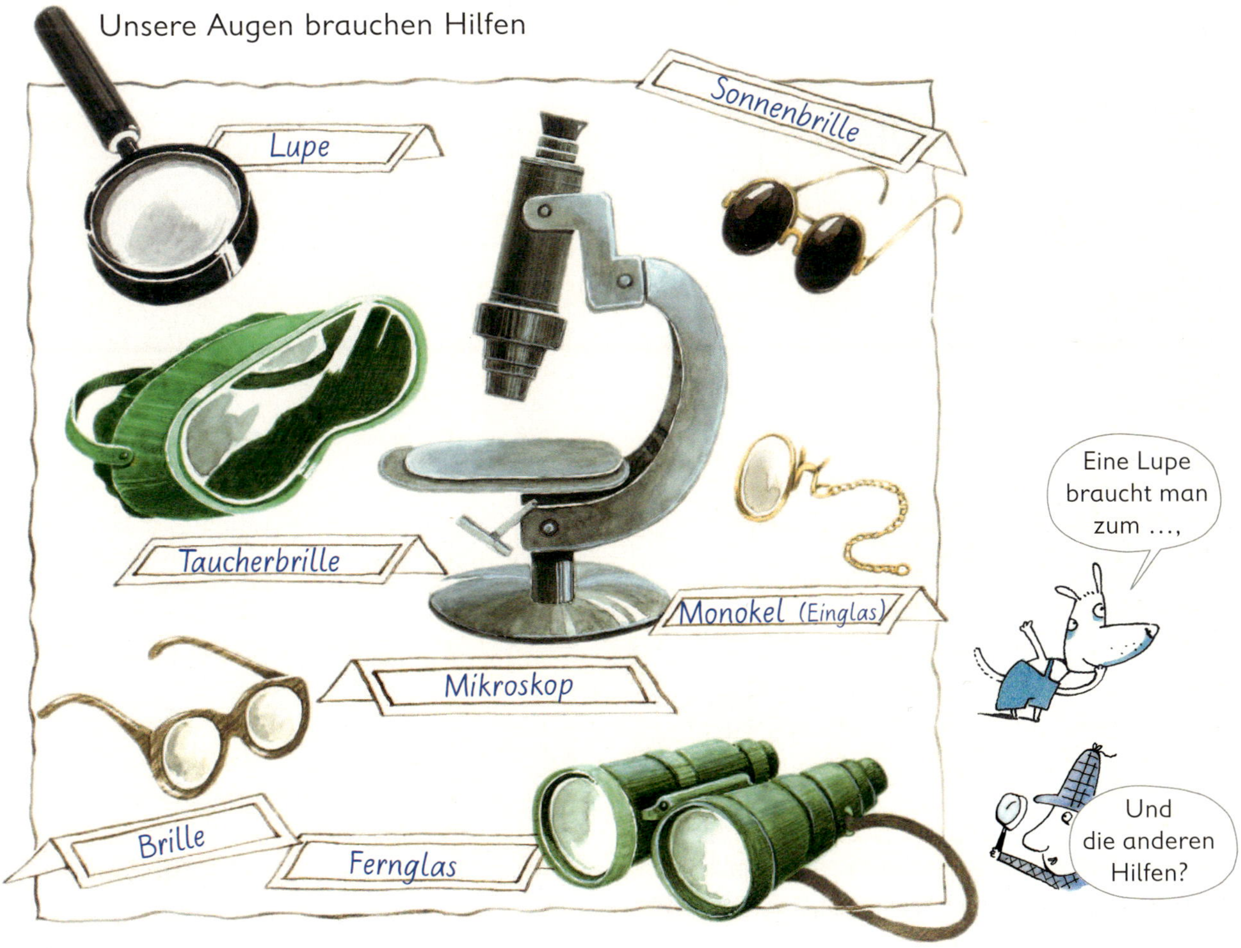

Bilder lesen: Das Feld

Das Feld und der Feldrand sind Lebensräume für Pflanzen und Tiere.
Pflanzen werden genügend mit Nährstoffen versorgt.
Tiere und ihren Nachkommen finden Nahrung und Unterschlupf.

Tiere am und auf dem Feld

Feldgrille
Feldlerche
Rebhuhn
Regenwurm
Feldhamster
Feldhase
Zwergmaus
Wildkaninchen
Großes Wiesel

Kulturpflanzen

Weizen
Roggen
Gerste
Triticale
Mais
Raps
Kartoffeln
Sonnenblumen
Zuckerrüben

Das Feld als Lebensraum begreifen;
Begriffe im Sachzusammenhang sinnvoll nutzen

S. 2

Bilder lesen: Wiesen

Es gibt verschiedene Wiesenarten, auf denen krautige Pflanzen wachsen und viele Tiere Nahrung, Schutz und Unterschlupf finden. Wenn die Pflanzen blühen, zeigen die Wiesen eine bunte Farbenpracht. Viele Wiesen werden regelmäßig gemäht, um Tierfutter zu gewinnen.

Tiere auf der Wiese

Großer Perlmutterfalter

Heuschrecke

Grille

Birkhuhn

Kreuzotter

Feldhase

Kreuzspinne

Wiesenpflanzen

Wiesen-Glockenblume

Margerite

Arnika

Rot-Klee

Trollblume

Geflecktes Knabenkraut

Kuckucks-Lichtnelke

Löwenzahn

Bilder lesen: Wettervorhersagen

Um das Wetter in Deutschland vorherzusagen, brauchen die Meteorologen heute ein dichtes Netz von Wetterinformationen aus der ganzen Welt. Am wichtigsten sind gemessene Daten und Wetterbeobachtungen zu einem bestimmten Zeitpunkt.

Satelliten senden Informationen aus dem Weltraum.

Ballons mit Radiosonden übermitteln Daten aus bis zu 30 km Höhe.

Wetterschiffe schicken Messdaten von allen Weltmeeren.

Landstationen schicken ständig Wettermeldungen aus allen Ländern der Welt.

Moderne Wetterstationen messen

Die Wetterstationen erfassen Wettererscheinungen, Bewölkung, Niederschläge und vieles mehr.

Luftdruck

Windrichtungen, Böen und Windgeschwindigkeiten

Lufttemperaturen

Niederschläge

Herkunft von Wetterinformationen begreifen;
Suchwörter für Internetrecherche verwenden

S. 2

Bilder lesen: Zeugen der Vergangenheit

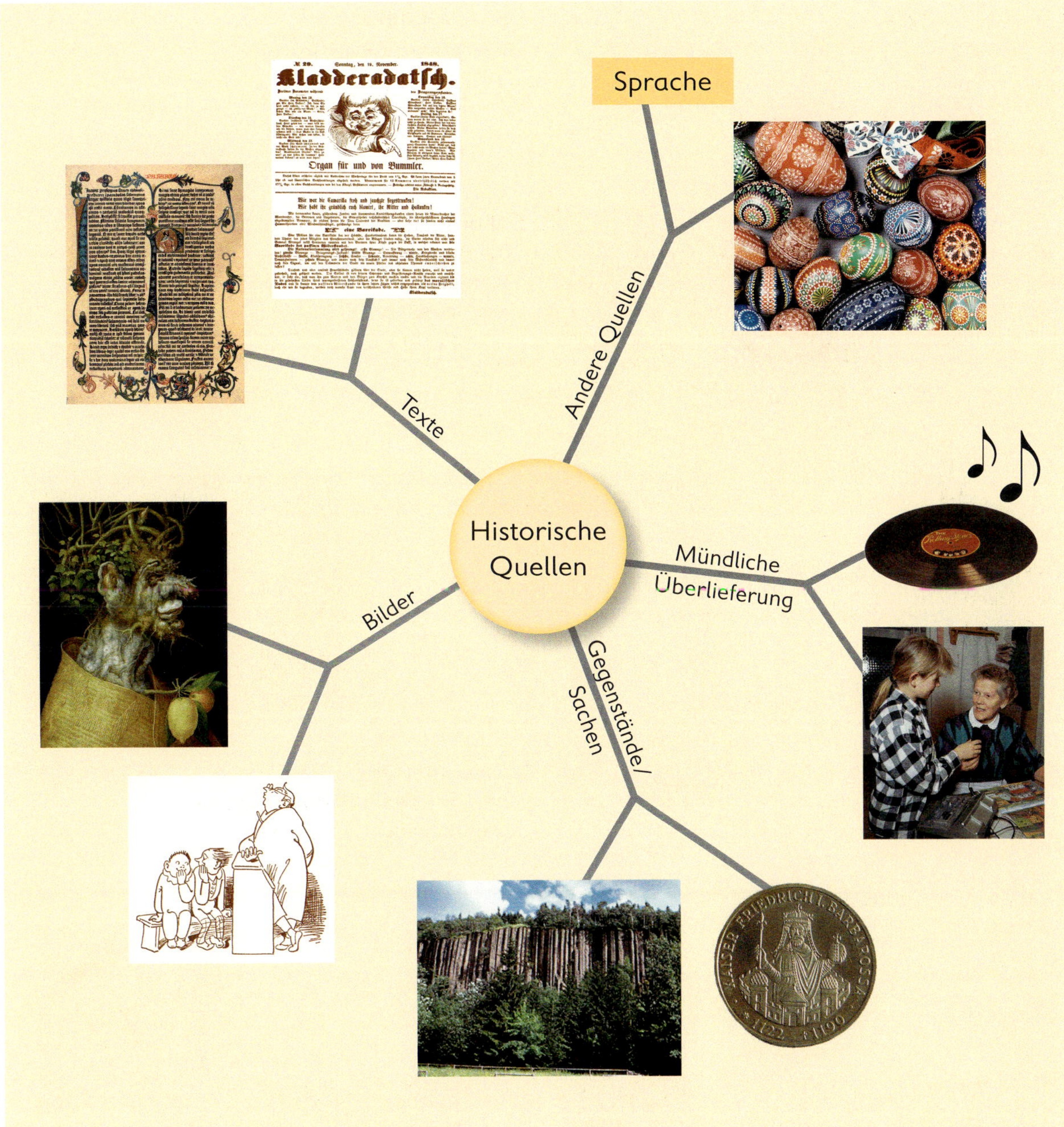

Texte	Bilder	Gegenstände/ Sachen	Mündliche Überlieferung	Andere Quellen
Briefe, Zeitungen, Urkunden, Inschriften, Biographien	Höhlenmalereien, Bildchen aus Handschriften, Wandmalereien, Zeitungsfotos	Geräte, Küchenreste, Körperreste, Gebäude, Technik	Berichte von Zeitzeugen, Sagen, Sprichwörter, Liedtexte, Tonaufnahmen	Sprache, Feste, Bräuche, Verhaltensweisen, Tonfilme

Informationen aus Bildern entnehmen;
das Gestalten von Übersichten kennen lernen

S. 2

Bilder lesen: Himmelsrichtungen

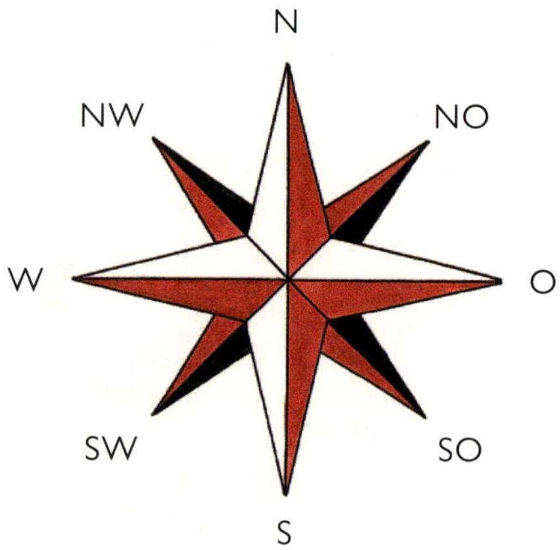

Haupthimmelsrichtungen:
Nord (N)
Süd (S)
Ost (O)
West (W)

Nebenhimmelsrichtungen:
Nordost (NO)
Nordwest (NW)
Südost (SO)
Südwest (SW)

Eine Karte einnorden

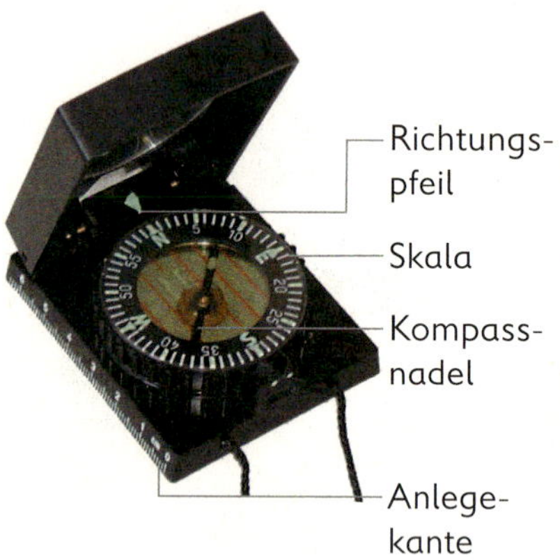

Himmelsrichtungen ohne Kompass bestimmen

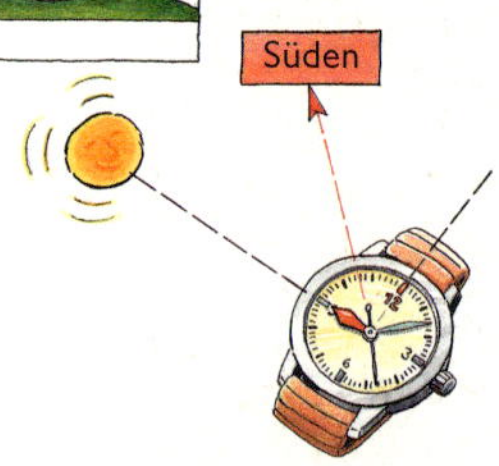

Tagbogen: Sonnenaufgang: im Osten, Mittagsstand: im Süden, Sonnenuntergang: im Westen

Zeigeruhr: die Uhr waagerecht halten, den Stundenzeiger auf die Sonne richten; sich zwischen Stundenzeiger und der 12 auf der Uhr ein Dreieck denken, in der Mitte des Dreiecks liegt Süden

Ameisenbau: Ameisen legen ihren Bau an der Südseite von Bäumen an.

Bäume: An der Westseite von Bäumen bildet sich oft eine Moosschicht.

Bilder lesen: Verkehr

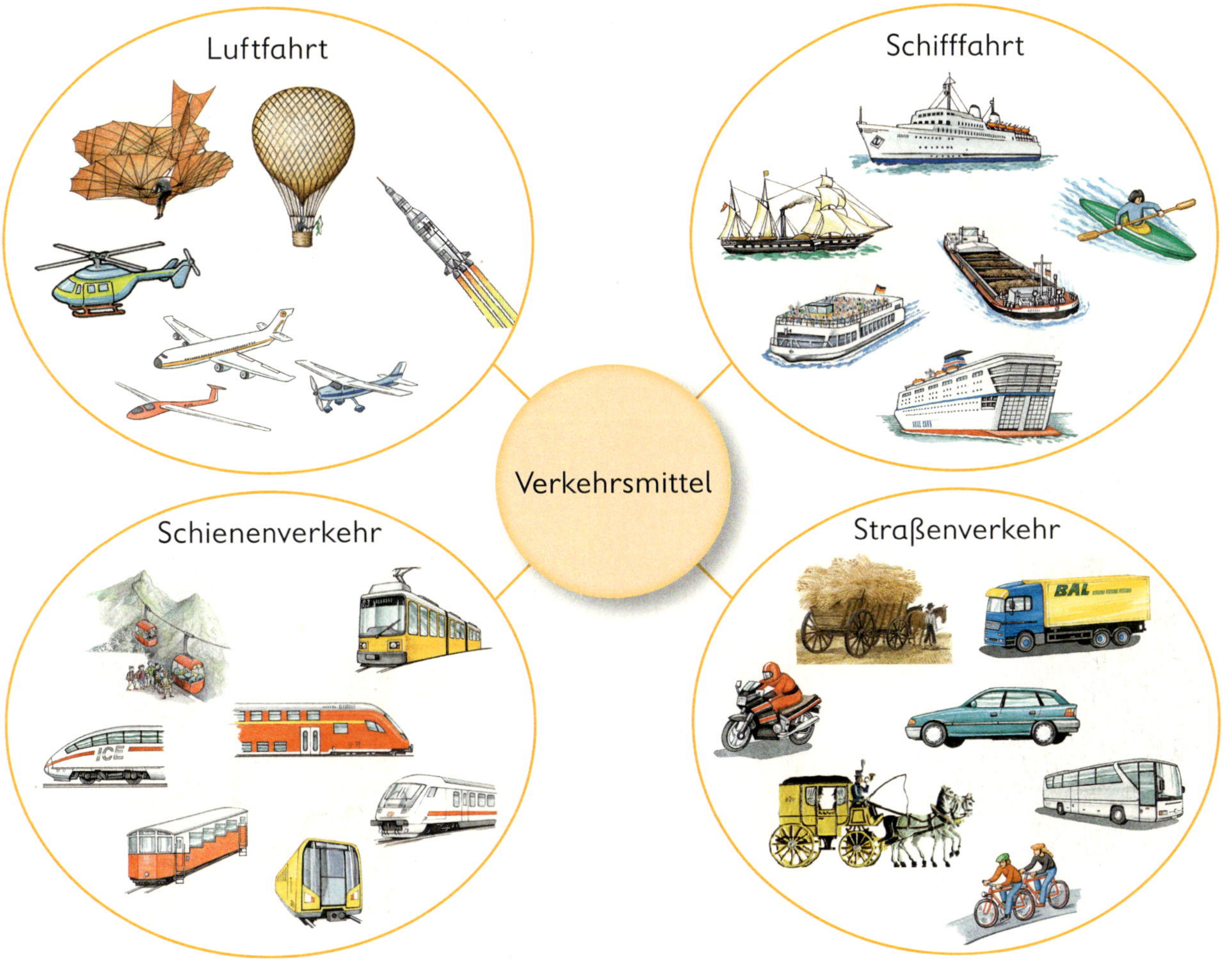

Verkehrssicherheit für Kinder

Verkehrszeichen und Verkehrsregeln kennen und einhalten

Gefahren vermeiden

Fahrradhelm tragen

Reflektorstreifen an Schulranzen

Bei Dunkelheit und Nebel helle Kleidung tragen

Aufmerksam sein

Im Auto Kindersitz benutzen, anschnallen

Text- und Bildquellen

48 Paul Maar: Hier stimmt was nicht! In LeseEcke 2. Berlin: Volk und Wissen Verlag GmbH & Co. 1998

5 imagine/GTZ/Nguyen The Duc, Vietnam; **6** CORBIS/©Patrick Ward (1); Cornelsen Verlagsarchiv (2); picture-alliance/dpa/Schulze (3); **11** Jan Schwärzel, Berlin; **12/13** Corel Library (Hintergrund); **13** Cornelsen Verlagsarchiv (1); blickwinkel, Witten/O. Giel (2); Arco Digital Ima Dirschel, R. (3); Hoefer (4); **16** Rainer J. Fischer, Berlin (1); Cornelsen Verlagsarchiv (2); **18** Aus: Walch, Dieter/Neukamp, Ernst (Fotos): Wolken. Wetter. München: Gräfe und Unzer Verlag GmbH 1989; **19** Cornelsen Verlagsarchiv (1); Cornelsen Verlagsarchiv (2); Institut für wissenschaftliche Fotografie Manfred Karge, Lauterstein (3); Werner Fiedler (4); Rolf Leimbach, Stadtlengsfeld (5); **21** Imk-Physik, Universität Karlsruhe (1); meteosat (2); Mit freundlicher Genehmigung des Wetterdienstes meteromedia Deutschland GmbH/ Guido Rottmann (3); **22** S. Brehme (1); Wikimedia/GNU/Rainer Altenkamp, Berlin (2); **23** Fotocommunity/ Ricarda Behrend, Wadersloh; **24** Cornelsen Verlagsarchiv (1); H. Schrempp (2); Horst Theuerkauf, Gotha (3); **25** Cornelsen Verlagsarchiv; **28** Superbild/Bernd Ducke (1); Corel Library (2, 3); Søren Müller, Berlin (4); IFA-Bilder-team, München (5); Matthias Luedecke, Berlin (6); Deutscher Wetterdienst, Öffentlichkeitsarbeit (7); Cornelsen Verlagsarchiv (8); **29** laif, Köln, Bialobrzeski; **30** Corel Library; **31** commons.wikimedia.org; **34** sunsite.tus.ac./Japan (1); www.hotels-world.com (2); Cornelsen Verlagsarchiv (3, 4); International Medical Scorps, Los Angeles (5); **35** Aus: Spektrum der Wissenschaft. Dossier: Dritte Welt. Mike Goldwater/Matrix (1); ullstein bild, Berlin/BONESS IPON (2); **37** picture-alliance/KPA/Chris (1)/dpa (2, 3); **38** Peter Wirtz, Dormagen (1); Roland Hottas (2); Christine Gürtler, Nittendorf (3, 4, 5); **39** Andy Goldsworthy; **40** Gerhard Medoch, Berlin (1, 2); **41** picture-alliance/OKAPIA/Danesse; **42** Harald Lange, NaturBild, Bad Lausick (1); picture-alliance/OKAPIA/M. Read (2)/Reinhard (3)/dpa/Reinhard (4); **43** Superbild/Alaska Stock (1)/Three (2); **46** Andy Goldsworthy, Cameron Books, London (1); Pixelio/ Andreas-Harry Sternberg (2); **47** laif, Köln/Zanettini; **48** picture-alliance/dpa/ZB; **50** Sammlung Peter Hartmann; **52** Deutscher Blinden- und Sehschwachenverband e.V., Berlin (1); Cornelsen Verlagsarchiv (2); **53** Scarabee GbR, Köln (1); picture-alliance/ZB/Jens Büttner (2); BildART Volker Döring, Hohen Neuendorf (3); getty images/AFP/Sabah Arar (4); **57** Frank Ihlow, Potsdam; **61** Karte Landkreis Delitzsch (Ausschnitt), HG Landratsamt Delitzsch 2002 (1); **62** Gerhard Hoffmann, Berlin (1); Cornelsen Verlagsarchiv (2); picture-alliance/OKAPIA/H. Lange (3); **64** Cornelsen Verlagsarchiv; **67** Staatliche Porzellanmanufaktur Meißen (1); STOCKFOOD, München (2); **69** picture-alliance/ZB/ Bernd Settnik; **70** Klaus Fischer, Berlin (1, 2, 4); Peter Wirtz, Dormagen (3); **71** Archiv für Kunst und Geschichte, Berlin (1, 3); Deutsches Fahrrad Museum, Bad Brückenau (2, 4); **72** Verlag Heinrich Vogel GmbH, München; **73** Peter Wirtz, Dormagen; **74** Peter Wirtz, Dormagen (1, 2, 3); Verlag Heinrich Vogel GmbH, München (4); **77** picture-alliance/dpa/ZB/Ralf Hirschberger; **78** Museum Glauchau/R. Büschel (1); Museum und Kunstsammlung Schloss Hinterglauchau/W.-D. Röber (2); Gerhild Schenk, Werneuchen (3); **79** Museum und Kunstsammlung Schloss Hinterglauchau, Glauchau/E. Müller (1)/Wiegand Sturm (3)/(2, 4); Helga Golz, Zühlsdorf (5); **80** Cornelsen Verlagsarchiv; **81** ullstein bild/Späth; **82** Bundesarchiv Koblenz/Seidel (1)/Sturm (2); PROFIL Fotografie Marek Lange, Berlin (3); Cornelsen Verlagsarchiv (4, 5); **83** ullstein bild/Oed; **85** blickwinkel/H. Schmidbauer; **86** Aus: Geiser, Franz/Krebs, Albert: Die Wiese lebt. Zürich: Copyright © by Silva-Verlag 1992 (1); Aus: Pflanzen der Wiese. München: Copyright © 1984 BLV Verlagsgesellschaft mbH/Reinhard (2); Corel Library (3); **87** Wikimedia/GNU/ Kristian Peters (1); Corel Library (2); Cornelsen Verlagsarchiv (3); **88** Harald Lange, NaturBild, Bad Lausick; **89/90/95** Gerhard Medoch, Berlin; **96** Aus: Insekten. München: Copyright © 1987 BLV Verlagsgesellschaft mbH/ Danegger; **97** Peter Wirtz, Dormagen; **98** Henryk Pohl, Berlin (1); Horst Theuerkauf, Gotha (2); Steffen Weidinger, Berlin (3); Verlag Heinrich Vogel GmbH, München (4); **100** Pelizaeus-Museum, Hildesheim (1); Wikipedia/GNU/ Maksim (2); Harald Lange, NaturBild, Bad Lausick (3); Katholische Universität Leuven/Paul Brusseler (4); **101** Wikipedia/GNU/Giancarlo Dessi; 102 FOCUS/Höpker, Hamburg (1); Oswald Ringer, Vilseck (2); Knopfe (3); Gerhard Medoch, Berlin (4); picture-alliance/ZB/Hiekel (5); **103** Cornelsen Verlagsarchiv; **105** Gerhard Medoch, Berlin; **108** Harald Lange, NaturBild, Bad Lausick (1); H. Reinhard (2); **109** W. Otto, Oberhausen (1); NABU/Universität Rostock (2); Reinhard-Tierfoto, Heiligkreuzsteinach (3); **111** laif, Köln; **112** Flickr.com/Alfesto (1); Horst Theuerkauf, Gotha (2); Naturfotografie, Graz (A) (3); Project Photos, Augsburg (3); Reinhard-Tierfoto, Heiligkreuzsteinach (Hans Reinhard) (5); **113** Fotolia.com/daw666 (1); Hans Blümel (2); Harald Lange, NaturBild, Bad Lausick (3); Cornelsen Verlagsarchiv (4); **114** Schuster, R.; **116** Cornelsen Verlagsarchiv (1); picture-alliance/KPA/Schwind (2); Vereinigung Getreide-, Markt- und Ernährungsforschung e.V. (3); Zentralverband des Deutschen Bäckerhandwerks e.V. (4, 5); **117** Corel Library; **118** Steffen Weidinger, Berlin; **120** CORBIS/Rob Lewine, Düsseldorf (1); Pieter Brueghel d.Ä. „Kinderspiele" 1560, Cornelsen Verlagsarchiv (2); **121** Cornelsen Verlagsarchiv; **123** Reinhard-Tierfoto, Heiligkreuzsteinach (Hans Reinhard); **124** Eutmetsat (1); Rolf Leimbach, Stadtlengsfeld (2); Norwegian Meteorological Institute en.wikipedia (3); Cornelsen Verlagsarchiv (4); JOKER/Lohmeyer (5); DWD Deutscher Wetterdienst, Offenbach (6, 7); Cornelsen Verlagsarchiv (8); **125** akg-images Berlin (1); Titelseite der satirischen Zeitschrift Kladderadatsch vom 19. November 1848. Cornelsen Verlagsarchiv (2); Jürgen Matschie, Bautzen (3); akg-images, Berlin (4); Cornelsen Verlagsarchiv (5, 7, 8, 9); Maria Otte (6); **126** Rainer J. Fischer, Berlin; **127** Peter Wirtz, Dormagen

Karten, wenn nicht anders ausgewiesen: Peter Kast, Ingenieurbüro für Kartographie, Schwerin

Wir danken allen Rechteinhabern für die Druckerlaubnis. Da es uns leider nicht möglich war, alle Rechteinhaber zu ermitteln, bitten wir, sich gegebenenfalls an den Verlag zu wenden.